AS PSICOSES

UM ESTUDO SOBRE A PARANÓIA COMUM

Os textos que compõem o presente livro são resultado de conferências realizadas pelo Dr. Philippe Julien, no Rio de Janeiro, a convite da Escola Lacaniana de Psicanálise, no início de novembro de 1997.

Philippe Julien

AS PSICOSES

UM ESTUDO SOBRE A PARANÓIA COMUM

Companhia de Freud
editora

Revisão e Edição de Texto
Sandra Regina Felgueiras
Membro da
ESCOLA LACANIANA DE PSICANÁLISE do Rio de Janeiro

Editoração Eletrônica
FA - Editoração Eletrônica

Impressão
Markgraph

FICHA CATALOGRÁFICA

J94p
Julien, Philippe, 1926 -
As psicoses : um estudo sobre a paranóia comum / Philippe Julien. – Rio de Janeiro : Companhia de Freud, 1999.

76 p. ; 23 cm

ISBN 85-85717-39-4

1. Paranóia. 2. Psicanálise. I. Título.

CDD-190.195

Companhia de Freud
editora
Endereço para Correspondência
Rua Visconde de Pirajá, 547 - Sala 702
Cep 22415-900 - Ipanema - Rio de Janeiro
Tel.: (021) 540-7954 – Telefax: (021) 239-9492
email: tereza@ism.com.br

Sumário

CAPÍTULO 1

A paranóia comum

CAPÍTULO 2

Clínica e psicose

Capítulo 1

A paranóia comum

De inclusão e exclusão

A psicanálise não tem palavras próprias; a idiotia, no sentido etimológico do termo, não é o seu forte. Como o ídiche, ela só fala por tomar de empréstimo de outras línguas, mas, sob uma condição: dar um sentido novo aos condicionantes anexados.

É assim que Lacan, como Freud fizera com a histeria, desvia para o herético a significação de termos de origem psiquiátrica. Com efeito, se a loucura não é nem um déficit, nem uma dissociação de funções, então ela tem muito a nos ensinar; ela lança luz sobre aquilo que está presente no dito normal e, desse modo, concerne a todos. Foi o que Lacan mostrou, particularmente, quanto a essas duas nomeações, *paranóia* e *psicose*, a primeira antes de 1953, a segunda a partir de 1953, com a invenção de RSI.

Neste item, vamos tomar a noção de paranóia. Psicose paranóica, como dizem!

Não é esse o próprio tema da tese de 1932, feita pelo jovem Lacan? Mas seu trilhamento consistiu em descolar essa união, para nodular o qualificativo de *paranóico* ao conceito de *conhecimento*. Por sua vez, Kraepelin e Genil-Perrin

---

* Texto enviado pelo autor e traduzido por Dulce Duque Estrada.

haviam separado a paranóia da demência, definindo para ela um caráter, uma personalidade ou uma constituição, segundo esses quatro traços: fatuidade, desconfiança, raciocínio, marginalidade. Quanto a Lacan, sua invenção primeira, destinada a surpreender – antes daquela de RSI em 1953 –, foi operar uma outra colagem, ligando paranóia e conhecimento.

O argumento se apresenta assim: o conhecimento é essencialmente da ordem da *visão*; a bipolaridade vendo-visto é de ordem "paranóica". Ora, o eu humano se constitui por identificação, graças à visão do objeto e segundo a mesma bipolaridade. O Eu, pois, tem uma estrutura paranóica, ou não existe.

Retomemos os diferentes elementos dessa proposição. O conhecimento não é nem palavra de *verdade*, nem demonstração de um *saber*. Ele é evidência do ver, à luz dos olhos do espírito. Heidegger, que Lacan chamava de amigo, reconheceu essa tradicional afinidade do conhecimento com o especular, o espetáculo, o especulativo. Assim, ele escrevia:

"Os gregos, em especial na época de Platão, conceberam o conhecer como uma espécie de *visão* e *contemplação*". Isso vem da interpretação do ser, pelos gregos. "É porque 'ser' enuncia *presença* e *consistência* que a 'visão', o fato de 'ver' é particularmente próprio para elucidar a percepção da presença e da consistência"[1].

Sobre esse dom maravilhoso da intuição da presença, a filosofia interroga: quem é ativo, quem é passivo, o olho do espírito ou o objeto visto? Existe bipolaridade. Em primeiro lugar, atividade do objeto: ele toca, ele impressiona a *tabula rasa* do espírito que recebe. Mas, em contrapartida, ver é objetivar, colocar na frente, adiante, à distância, sobre o quadro do mundo. Não é absorver, assimilar, mas acolher ao mesmo tempo objetando: eu registro como *fora* de mim a presença do objeto que se revela a meus olhos.

Ora, em razão desse duplo movimento o conhecimento é por si paranóico (à diferença da verdade e do saber). É exatamente isso que Lacan constata a propósito da formação do Eu na medida em que seu princípio fundador é de ordem visual.

---

1 M. Heidegger, *Nietzsche II*, Paris, Gallimard, 1971, p. 178. Compreende-se ali por que Lacan vai retomar, a partir de 1973, esse termo "consistência" para definir o ato de fazer se manter o objeto topológico na sua apresentação espacial em duas dimensões.

I – A intrusão

A primeira experiência da criança não é aprendizado da linguagem, mas visão do objeto. De que objeto?

Essencialmente um semelhante, um corpo humano. Desde 1932, em sua tese de doutorado, Lacan notava: "Coloca-se a questão de saber se *todo* conhecimento não é inicialmente conhecimento de uma pessoa, antes de ser conhecimento de objeto, e se a noção mesma de objeto não é, na humanidade, uma aquisição secundária"[2].

Quatro anos mais tarde, com a fase do espelho, Lacan reconhece o valor formador da captação por intrusão da imagem fascinante do corpo do outro: motricidade antecipadora, transitivismo, empatia, narcisismo, em suma, identificação constituinte do Eu.

Ora, essa identificação supõe uma inclusão que não seja nem múltipla, nem mutante, nem anônima (como demonstraram os trabalhos de Spitz sobre o hospitalismo), mas personalizada, na repetição de certos traços especulares reconhecíveis e familiares. Daí a impressão inapagável dessas três letras: S.T.A.

Assim Lacan podia dizer: "São a es*ta*bilidade da es*ta*ção vertical, o pres*tí*gio do talhe, a pres*tâ*ncia das es*tá*tuas que fornecem o estilo de uma identificação na qual o Ego encontra seu ponto de partida (*starting point*) e que deixam sua impressão para sempre"[3]. Com efeito, a intrusão é aquela de unidades permanentes no tempo, supostas repousar sobre substâncias imutáveis para além da mudança de qualidades acidentais.

Assim, a imagem *é* a verdadeira causalidade psíquica do Eu: existe *Bildung* por *Vorbild* em situação de *Urbild*. O que gravamos em nossa memória figurativa não é um filme, mas antes um álbum de belas imagens, uma série de fotos fixas. Não é este o caráter de nosso *Darstelbarkeit*, tal como reconhecido por Freud no trabalho do sonho?

Essa "estase do ser numa identificação ideal"[4] é realmente a estrutura fundamental da loucura como "virtualidade permanente" do ser do homem. Ela é a "mais fiel companheira"[5] de sua liberdade, na medida mesma em que a loucura

---

[2] Segunda edição, Paris, Seuil, 1975, p. 326.

[3] Cf. a conferência de 2 de maio de 1951, "Algumas reflexões sobre o eu", publicada no *International Journal of Psychoanalysis*, 1953, nº 34, p. 15.

[4] J. Lacan, *Écrits*, p. 172.

[5] Ibid., p. 176.

é, em dado momento, a interrupção de toda dialética numa identificação ideal, onde o Eu crê *ver* o próprio signo de sua liberdade.

Dessa estrutura engendra-se uma dupla conseqüência:

– o que se chama, com Lévy-Bruhl, o *antropomorfismo* do conhecimento: a *Gestalt* do corpo do semelhante é o modelo de conhecimento, aplicado aos objetos não-humanos (o animal ou o vegetal, tanto quanto o divino);

– uma topologia de formas plenas, cortadas a faca ou a foice, em conformidade com a geometria euclidiana.

II – *A exclusão*

A paranóia do conhecimento se realiza, enfim, pela objeção, segundo a fórmula da agressividade inerente à identificação: eu me alieno no outro, mas o outro permanece outro, ele não é eu.

Há, aí, desconhecimento segundo essa *Verneinung* que é todo conhecimento: não é eu, é ele!

"Estrutura paranóica do Eu", diz Lacan, "que encontra seu análogo nas *negações* fundamentais, destacadas por Freud nos três delírios, de ciúme, de erotomania e de interpretação"[6].

Ora, na medida em que conhecimento é visão segundo a qual há presença e consistência do outro, essa negação do "não é eu" não é um "eu o excluo", mas um "ele me exclui". Com efeito, essa bipolaridade em seu segundo tempo é visão do outro como *privador*: "Todo conhecimento humano", dizia Lacan, "tem sua origem na dialética do ciúme, que é uma manifestação primordial da comunicação"[7].

Isso é primordial: essa exclusão não é somente exclusão de meu ser pelo outro, mas exclusão da minha relação aos objetos *terceiros* possuídos pelo outro; ele tem o que eu não tenho! Exclusão *fundamental*: o *alter ego* onde encontro a unidade do meu Eu torna desejável para mim o objeto de seu desejo. Logo, se ele me priva por seu ser, em compensação ele me desperta para o desejo, por ter aquilo de que me priva. O objeto que ele me disputa redobra meu desejo de ganhá-lo e tenho mais gozo com sua conquista do que se ele o abandonasse pacificamente.

---

[6] Ibid., p. 14.

[7] J. Lacan, *Le Séminaire*, livro 3, p. 50 da versão francesa.

Estranha reversão de uma conclusão em outra: é ele que me exclui! *Mas de quê?* A exclusão de meu ser é significada pela exclusão do objeto terceiro entre nós dois, objeto tornado desejável na medida em que o outro também o deseja. Assim a rivalidade concorrencial está na origem da transmissão de tal objeto, mais do que de tal outro. A necessidade orgânica não basta para justificar esse valor. É necessário o conhecimento enquanto *paranóico*.

III – *A flat land*

Intrusão do outro – exclusão do eu. Existe aí uma tensão sem fim, cada pólo remetendo ao outro: ou... ou... sem resolução pela supressão de um dos termos da balança.

Qual será o destino dessa primeira invenção de Lacan? Depois do seminário do ano 1955-56 sobre as psicoses, Lacan vai cessar de falar nela. De fato, a invenção, em 1953, da distinção simbólico, imaginário e real vai permitir nomear o conhecimento paranóico de outra maneira: ele se torna a relação imaginária, ele *é* o imaginário.

Essa denominação, no entanto, não vai impedir que a primeira nomeação retorne muito mais tarde, a partir de 1973, de uma maneira bem mais significativa, a propósito da topologia dos nós. A topologia é uma planificação em *duas* dimensões. Ela é necessária, inevitável, na medida em que só vemos e só temos intuição clara em duas dimensões, pelo fato de que nosso conhecimento é paranóico. O outro não tem volume: ele é à nossa imagem, porque o Eu é à sua imagem.

É por isso que em 1973 Lacan justifica assim sua abordagem topológica de RSI: "Somos, vocês e eu, seres de duas dimensões. Apesar das aparências, habitamos a *flat land* [...]. Somos, assim mesmo, em duas dimensões. Então existe o perfil, a projeção, a silhueta, enfim, tudo o que se adora em um ser amado. Nunca se adora algo mais. E, como parti daí a propósito dessa famosa história do espelho, imagina-se que eu tenha depreciado isso. Eu não depreciei, em absoluto, porque, como todo mundo, eu me contento com isso[8]".

Tal é a razão da topologia como imaginária de duas dimensões. "O suporte do imaginário, do simbólico e do real", dizia Lacan, "o nó borromeano entre

---

[8] Seminário de 11 de dezembro de 1973, *Les non-dupes errent* (inédito).

eles, para dizer tudo, é algo que só abordamos pelo fato de que o conhecimento paranóico existe"[9]. Ele existe e volta em 1973 como dimensão imaginária no ensino de Lacan, depois que ele promoveu o simbólico, e em seguida o real. Ironia da sorte: a primeira invenção de Lacan dos anos 1930-40 volta, em fim de percurso, nos anos 70. Também voltaremos a ela a propósito das psicoses.

Com efeito, se Lacan desligou psicose e paranóia em vista de uma outra colagem, o que vem a ser, então, a diferença entre psicose e conhecimento paranóico? Para responder a isso, comecemos por constatar que afinidade surpreendente existe entre o que precede a psicose, a pré-psicose, e uma deficiência específica de conhecimento paranóico.

IV – *Uma inclusão sem exclusão*

Um reconhecimento mútuo fundando uma sociedade de mestres, eis o que, segundo Hegel, é visado pela luta de morte de puro prestígio. Há decerto fracasso dos meios de atingi-lo, mas o objetivo continua. Ora, é surpreendente constatar que, se definirmos o desencadeamento da psicose pela aparição de um delírio, em contrapartida o estado que o precede se apresenta como uma *ausência de atitude de combate* para se fazer reconhecer.

Lacan dizia, em seu Discurso de Roma de 1953, que "na loucura devemos reconhecer a liberdade negativa de uma fala que renunciou a se fazer reconhecer"[10]. Essa renúncia é a deficiência de conhecimento paranóico: existe, é certo, intrusão do outro, mas eu não o excluo, já que não vejo que ele me exclua. Assim, ali mesmo onde o conhecimento paranóico faltou, tem lugar, um dia, um delírio, como que para supri-lo e restituí-lo.

Essa ausência de paranóia comum no dito pré-psicótico, Lacan a observou de uma forma notavelmente constante:

1) Em 1932, como é que Lacan interpreta o caso Aimée? Aimée deixou sua irmã mais velha, Elise, invadir seu lar e assumir seu lugar junto a seu filho e seu marido. Ela não reage. A tese se resume assim: "A personalidade de Aimée não lhe permite reagir diretamente por uma atitude de combate, que seria a *verdadeira* reação paranóica"[11].

---

[9] *Lettres de l'école freudienne*, nº 24, p. 249.

[10] *Écrits*, p. 170.

[11] *De la psychose paranoïaque...*, p. 232.

Assim, a mágoa será dirigida no delírio contra outras mulheres: C. de la N., Huguette Duflos. Há intrusão, na medida em que Elise representa para Aimée o seu Eu ideal, mas não há exclusão: o pensamento de ciúme ou de perseguição está foracluído. Voltando a falar dessa tese em 1946, Lacan mantém sua posição: "Ainda que a doente pareça sofrer por seu filho lhe ter sido subtraído por essa irmã [...], ela se recusa a considerá-la como hostil ou ao menos nefasta."[12]. Com efeito, na psicose, antes de todo delírio, a relação imaginária "não tem a significação de *exclusão* recíproca comportada pelo confronto especular, mas sim outra função, que é a de *captura* imaginária"[13]. É isso que se constata no *autismo*: uma identificação puramente adesiva ao outro, uma captura pela imagem do outro, sem exclusão recíproca[14].

2) Em 1965, um ano depois da publicação de *O deslumbramento de Lol. V. Stein*, Lacan escreve sua "Homenagem a Marguerite Duras". Ele está deslumbrado. Mas com quê? Lol não é afetada pelos ciúmes. Arrebatando-lhe o noivo sob seus olhos, durante um baile, uma mulher lhe arrebata, da mesma maneira, o seu "vestido", a sua "imagem de si". Mas ela não sente nada: "Ela não pode dizer que sofre"[15], escreve Lacan; ela não pode imaginar o corpo de sua rival – não-rival! – despido por seu noivo: "Nua, nua sob seus cabelos negros". Esse rapto não constitui acontecimento, isto é, trauma e ruptura. Não, foi sempre assim: Duras escreve justamente que, já no colégio: "Glória de doçura, mas também de indiferença. Jamais ela parecera sofrer ou sentir dor"[16].

O que está em jogo no relato é, pois, mostrar como Lol. V. Stein reencontra para si, pouco a pouco, um "vestido", uma imagem dela mesma *na* e *pela* imagem de uma amiga, Tatiana, enquanto corpo desejado por um homem e olhado como tal. Assim, "essa que dorme em pé, esse apagamento contínuo"[17] vai despertar um pouco. Mas o que aconteceria se Tatiana viesse a faltar? Não seria necessário um delírio para restituir o lugar da imagem do outro? Marguerite Duras nos deixa responder.

3) Em 1976, enfim, por ocasião do seu seminário de 11 de maio, *Le Sinthome*, Lacan vai sublinhar a importância do episódio narrado por Joyce em

---

[12] *Écrits*, p. 170.

[13] *Le Séminaire*, livro 3, p. 230 da versão francesa.

[14] Cf. o livro de D. Melzer: *Exploration dans le monde de l'autisme*, Paris, Payot, 1980.

[15] J. Lacan, *Hommage faite à Marguerite Duras*, Ed. Albatros, 1979, e em *Ornicar?*, 1985, n.º 34, pp. 7-13.

[16] *Le ravissement de Lol. V. Stein*, Paris, Gallimard, 1964, p. 11.

[17] Ibid., p. 36.

Retrato do artista quando jovem (capítulo II): Stephen surrado por três colegas de escola. Lembrando-se da cena, Stephen não experimenta nem malícia nem cólera, sente-se despojado dessa cólera "com tanta facilidade", escreve Joyce, "como uma fruta se despoja de sua casca macia e madura". Igualmente, no capítulo IV, ele escreve, sobre suas cóleras: "A cada vez, ele tinha a impressão de sair delas, como se seu próprio corpo se desfizesse facilmente de alguma pele ou revestimento superficial".

Normalmente, a imagem que temos de nosso corpo próprio comporta afetos; mas Stephen tem um corpo como um objeto estranho, como um "móvel", diz Lacan. A relação narcísica do corpo com o Eu não existe. Digamos o termo: há deficiência de conhecimento paranóico. Isso é o que é "suspeito para um analista", conclui Lacan, essa maneira de "deixar cair" o que concerne à imagem do corpo próprio.

Assim, de 1932 a 1976, com Aimée, Lol. V. Stein, Stephen, Lacan afirma sua inquietude quanto ao que não é, absolutamente, psicose com delírio, mas que no entanto a *precede*, sem bastar, no entanto, para causá-la. Mas, então, coloca-se a pergunta: o que é preciso para que um dia uma psicose se desencadeie?

Modernidade e psicose

Ler Lacan a propósito da psicose é ler como ele evolui bifurcando, como se reformula, objetando a si próprio. Por que, por exemplo, ele chegará a dizer que finalmente apenas o psicótico demanda uma análise?[1] Não é dar uma nova significação a essa nomeação? Antes de responder a isso, tomemos a primeira contradição: o que se teria passado entre 1932 e 1956, para que Lacan chegasse a dizer, em 1956, exatamente o inverso de sua tese de 1932?

I – *Compreender o psicótico*

A originalidade da tese de 1932, sobre a psicose paranóica, foi situar-se na linha de *Dilthey* (1833-1911), que fundou a antropologia, destacando-a de toda metafísica, assim como na de *Jaspers* (1883-1969), que opôs as ciências "puras", que "explicam" (*erklären*) pelas causas, e as ciências humanas, que "compreendem" (*verstehen*) pelo sentido.

Lacan definiu então seu método de leitura:

1. A relação de compreensão se refere à "personalidade", concebida como a *unidade* de um desenvolvimento regular e orientado. Essa relação é possível se optarmos por uma *psicogênese* dos fenômenos manifestados.

2. O acontecimento que surgiu é chamado "processo psíquico". *Opõe-se* diretamente ao desenvolvimento da personalidade. Mas esse elemento novo e heterogêneo é introduzido, ele próprio, na personalidade, que opera então uma nova síntese, segundo relações de compreensão[2].

3. Se, ao contrário, o processo psíquico se mantém em sua oposição, o desequilíbrio aumenta e compreende-se assim que houve um dia *passagem à psicose*. Mas por quê? Não em razão de problemas orgânicos ou de acontecimentos da história; estes "*somente* nos revelam o desencadeamento do processo mórbido". A verdadeira origem é a de uma "anomalia psíquica *anterior*", a se definir como "um distúrbio psicogênico" da personalidade[3]. Tudo deve se compreender segundo a potencialidade de um dinamismo interior e imanente. Assim, no caso de Aimée, esse distúrbio anterior é um *conflito* moral com sua irmã, vindo de uma fixação antiga no complexo fraterno.

---

1 9 de janeiro de 1978, *Lettres de l'École Freudienne*, nº 23, p. 181.

2 *De la psychose paranoïaque...*, p. 142.

3 Ibidem, p. 254.

Ora, em seu seminário de 1955-56 sobre as psicoses, Lacan dirá precisamente todo o *contrário*: nada de psicogênese da psicose, nada de relações de compreensão; o processo psíquico é uma "concepção falaciosa"[4]: "O *Verstehen* é a abertura para todas as confusões"[5]. Jaspers se afasta, Freud se aproxima da noção de inconsciente como puro efeito de linguagem, sem pressupor um dinamismo ou um processo: "A natureza da *erklären* é o retorno ao significante como único fundamento de toda estruturação científica concebível"[6]. Essa mudança radical sobre a loucura foi realizada dois anos antes, com o Discurso de Roma (1953). Veremos como ela se fez pelo levar em consideração a história coletiva e, portanto, o contexto social e cultural do assunto.

Mas foi lentamente preparada no decorrer dos anos quarenta:

Em 1945, com *O tempo lógico*, escrito no fim da guerra e por ocasião dos primeiros regressos de alguns deportados sobreviventes dos campos alemães. Um sofisma ilustra uma lógica *coletiva*, segundo a qual "se nessa corrida em direção à verdade, só se está só, se todos o estamos, ao tocar o verdadeiro, ninguém o toca, no entanto, senão *pelos outros*"[7]. Como *pelos* outros?

O silogismo final da pressa de concluir se enuncia assim: "Eu me afirmo ser um homem, por medo de ser convencido pelos homens de não ser um homem". Pânico e protesto: mas sim, eu sou um homem! Sim, mas segundo *que* traço o sujeito se assimila à essência de homem, se não por aquilo que é tomado de empréstimo, proclamado, exigido, no campo *social* e *cultural*?

Em 1946, em suas *Considerações sobre a causalidade psíquica*, Lacan mostra que a loucura é um problema de identificação e que esta só se realiza a partir desse exterior social que é a imagem do outro.

Enfim, em 1947, falando de sua experiência inglesa dos grupos com Bion e Rickmann, ele protestará fortemente contra sua antiga posição: "Pode-se argumentar ainda sobre a psicogênese dos problemas mentais, quando a estatística mais uma vez manifestou o espantoso fenômeno da redução, com a guerra, dos casos de doenças mentais, tanto nos civis quanto nos militares?"[8]. Dê-se crédito ao acontecimento!

---

4 *Écrits*, p. 536.

5 *Le Séminaire*, livro 3, p. 216 da edição francesa.

6 Ibidem.

7 *Écrits*, p. 212.

8 "A psiquiatria inglesa e a guerra", em *L'Évolution psychiatrique*, 1947, fasc. I, p. 308.

II – *Uma nova nosografia*

Aqueles anos não fizeram senão preparar o momento decisivo de 1953, que vai inaugurar um novo esquema: o Discurso de Roma. Em três páginas e meia[9], Lacan apresenta uma nova nosografia que vai determinar a orientação de sua pesquisa do lado do simbólico, agora que ele acaba de distingui-lo claramente do imaginário e do real.

Essa nosografia se origina a partir de três paradoxos concernentes à *relação* entre a linguagem e a fala, sendo a linguagem o discurso constituído de tal cultura e a fala o discurso concreto de um homem, dirigindo-se a um ou a vários outros. Temos assim três possibilidades:

ESTRUTURA	LINGUAGEM
Loucura	sem fala
Neurose	e fala
Homem moderno	ou fala

A primeira é o que se costuma chamar, desde sempre, a *loucura*: o sujeito está na linguagem mas ele não fala, se entendermos por isso a tentativa de se fazer reconhecer por e em sua própria língua. A segunda é a *neurose*; graças ao retorno do recalcado que são as formações do inconsciente, linguagem e fala se reencontram, se dialetizam, uma se movendo em função da outra.

Porém, o decisivo é a invenção de um terceiro paradoxo, aquele em que está preso o *homem moderno*. A novidade, em Lacan, é sair da psiquiatria, isto é, de uma nosografia geral e atemporal que quer definir um psiquismo humano em qualquer tempo e em qualquer lugar. A historicidade do ser humano deve ser levada em conta. É por isso que Lacan tem um acento tipicamente *heideggeriano* ao fazer a descrição do homem moderno, mostrando "a *semelhança* desta situação com a alienação da loucura", pelo fato de que para uma e outra "o sujeito aí é falado, mais do que fala". De que maneira?

1. Um novo discurso nasceu no século XVII, o da ciência. Desenvolveu-se lentamente e determinou a civilização dita científica. A objetivação nesse discurso é a alienação mais profunda do sujeito de hoje, primeiro no Ocidente, depois, pouco a pouco, por todo o planeta atingido pela ciência e pela tecnologia.

---

[9] *Écrits*, pp. 273-283.

Ora, isso não deixa de ter efeitos *sociais*: uma obra comum onde essa enorme objetivação circula segundo essa tripla comunicação sem fronteiras: o mercado dos bens, a migração das famílias, a informação da mídia.

2. Ora, Lacan, retomando Heidegger, faz um diagnóstico: essa obra que invade trabalho e lazer tem a função de ocultar o sentido particular da existência. O homem, aí, se esquece na foraclusão (é o caso de dizê-lo!) da interrogação sobre seu *ser*: o que sou eu, então, em tudo isso? A pergunta nem mesmo se formula. Nascimento e morte são dessubjetivados. O enigma do desejo do Outro, *che vuoi?*, esmaga-se em preocupações técnicas de autoconservação, de promoção burocrática e de rendimento em cifras.

3. Entretanto, a fala não está ausente como no primeiro paradoxo da loucura. Mas que fala? Não a do sujeito, mas a do Eu (*Moi*) em sua fixidez e estagnação, tais como Lacan as havia observado no *conhecimento paranóico*. Face ao universal abstrato dos discursos científicos e aos desencantamentos do mundo, o Eu se afirma mais do que nunca. Face à proximidade invasora da circulação generalizada, o grupo em que se sustenta o Eu anuncia-se, protesta e defende sua identidade: exaltação das raízes étnicas e culturais, segregação entre sexos, visibilidade dos signos distintivos (roupas, comida, habitação), discriminações eugênicas. Contra a comunicação sem limites, um pluralismo proclamado só faz mascarar a exclusão recíproca segundo a regra do gueto: cada um em seu lugar!

A função reativa do conhecimento paranóico contra o universal do discurso moderno definiu essa nova loucura segundo o seguinte paradoxo: *ou* a linguagem científica *ou* a fala egóica.

Ora, essa nova nosografia de Lacan abre uma trilha que vai subverter a nomeação de psicose. Com efeito, dois anos depois, em seu seminário sobre as psicoses, Lacan introduz uma equivalência entre estado pré-psicótico e situação do homem moderno[10]. Não são idênticos? E nesse caso torna-se claro que o nascimento da psicanálise em tal cultura só se torna possível na modernidade; ela "é intrinsecamente síncrono da ciência moderna"[11]. E desde então pode-se dizer que é unicamente a passagem à "psicose" do homem moderno que faz nascer uma demanda de análise. Mas sustentar tal hipótese exige responder à pergunta: como se dá que o homem moderno (esse pré-psicótico!) passe um dia à psicose?

---

[10] Por exemplo, sobre "o conformismo" de um e de outro: *Le Séminaire*, livro 3, pp. 226 e 230 da edição francesa.

[11] Jean-Claude Milner, *L'Oeuvre Claire*, Seuil, 1995, p. 149.

A psicose, uma resposta ao acontecimento

I – *Como todo mundo*

Não há psicogênese da psicose, se entendemos por gênese um movimento imanente conduzindo necessariamente a tal termo. Isso seria tudo atribuir ao psiquismo.

Assim Lacan interrogava: "uma psicose tem, como uma neurose, uma pré-história?". E respondia: "Tudo leva a pensar que a psicose não tenha pré-história"[1]. Aparentemente, "nada se assemelha tanto a uma sintomatologia neurótica que uma sintomatologia pré-psicótica"[2]. Certamente, só-depois, querendo, como bom discípulo de Jaspers, "compreender" o delirante, dar-se-á significação a tal ou qual antecedente, qualificado então de sintoma específico. Mas isso não passa de uma reconstrução *a posteriori*.

Reconheçamos esse fato: o chamado pré-psicótico não é reconhecível como tal. Ele se conduz aparentemente como todo mundo; socialmente falando consegue, bastante bem, levar sua vidinha. De que maneira? "Por uma série de identificações puramente conformistas com personagens que lhe darão o sentimento do que é preciso fazer para ser um homem"[3] ou do que é preciso fazer para ser uma mulher. Assim, "por intermédio de uma imitação, de um enganchamento"[4] na imagem do semelhante, do par, que lhe serve de muleta, o pré-psicótico pode viver sem que uma psicose se declare. Ele vive "em seu casulo, como uma larva"[5].

Até sua morte? Por que não, com efeito? Não é essa a situação de todo mundo, ao menos aquela do homem moderno, reduzido "a ficar muito timidamente no conformismo"[6], segundo moldes exteriores e estereótipos de comportamentos[7]?

Isso se repete no par até o dia em que surge o ím-par: ocorre que o acontecimento, como *encontro com o real*, vem abalar esse equilíbrio. Contingência do

---

[1] *Le Séminaire*, livro 3, p. 100 da edição francesa.
[2] Ibidem, p. 216.
[3] Ibidem, p. 231.
[4] Ibidem, p. 217.
[5] Ibidem, p. 285.
[6] Ibidem, p. 226.
[7] É justamente o que a teoria comportamental utiliza como método de cura.

acontecimento! Ele não é previsível em virtude de um movimento puramente imanente e de uma pré-história determinante. Mas isso pode acontecer... a alguns!

II– *Uma nova jogada*

Sucede fortuitamente que um acontecimento como encontro com o real faça ruptura com as significações adquiridas; ele lhes escapa. A verdade singular ultrapassa o saber que respondia até então. Havia coincidência entre saber e verdade, mas eis que de repente o acontecimento faz *suplemento*, nas palavras de A. Badiou[8]. Com efeito, ele é *transgressão* das regras admitidas e das garantias reconhecidas de acordo com o que ordena a lei das trocas. Felicidade ou infelicidade, o acontecimento é um *a mais* que faz ímpar:

– *de um lado*, um encontro amoroso, uma próxima paternidade, uma descoberta científica ou artística, uma causa política ou militar[9], uma revelação religiosa;

– *do outro*, uma traição conjugal, um óbito inesperado, um fracasso profissional, uma derrota política ou militar[10], uma desoladora noite mística.

A cada vez, a uma verdade nova, falta o saber, e a interrogação permanece em suspenso.

Qual será a resposta psicótica a essa interrogação? Para que uma psicose venha responder, é preciso inicialmente a *co-incidência* (em grego *sin-toma*) de duas "quedas", o encontro fortuito de duas elisões, uma no imaginário, outra no simbólico: justaposição de dois furos.

---

[8] *L'éthique*, Paris, Hatier, 1993, cap. IV.

[9] Cf. o relato espantoso de Jean Paulhan (*Le guerrier appliqué*, coleção Imaginaire, Gallimard, 1982), com esta apresentação do autor: "Veremos, no *guerreiro aplicado*, como as trincheiras, a morte de um amigo, um ataque bastante desastrado podem ensinar a um jovem soldado o que o amor, o casamento, o trabalho e as outras distrações da vida lhe teriam ensinado mais negligentemente".

[10] O que o artigo 16 da Constituição francesa chama "uma situação excepcional", como por exemplo, na França, a situação de junho de 1940.

III – *A elisão no imaginário*

Para dar a compreender a primeira elisão, Lacan retoma seu esquema L que articula duas diagonais: a da relação no simbólico (A→ S) e a da relação no imaginário (a'→ a):

Esquema L:

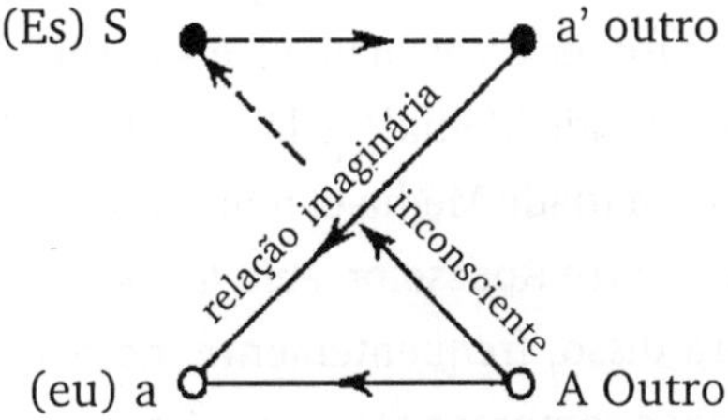

A relação em espelho segundo a imagem pode manter uma distância a vida inteira, salvo se um dia falha em fornecer a resposta exigida pela novidade do aparecimento de tal acontecimento. Com efeito, para responder a isso, o modelo das significações dadas pelos outros (os pequenos outros: a'→ a) não são mais suficientes para esclarecer sobre a conduta a se ter.

Daniel-Paul Schreber, por exemplo, com sua lucidez costumeira, faz essa referência a propósito de sua nomeação, em 1º de outubro de 1893, para Presidente de Câmara na Corte de Apelação de Dresden: "Essa tarefa era tanto mais árdua na medida em que os membros do conselho (de cinco juizes) do qual eu tinha que assumir a presidência excediam bastante minha idade (inclusive com vinte anos de diferença)"[11].

Há inversão de geração. Como então assumir naquele caso uma função de autoridade paterna, de Presidente? Isso só é possível passando do outro ao Outro, do apoio do especular ao apoio da fala, ou, ainda, das significações estabelecidas aos significantes puros, como fundadores de novas significações.

Se essa passagem se efetua, o sujeito pode então tomar sozinho a palavra e fazer face ao acontecimento. Ora, essa passagem necessita que no Outro, lugar dos significantes, lugar chamado por Freud *Unbewußt*, sejam inscritos pelo sujeito os significantes *fundamentais* da existência humana, em particular o da paternidade: o Nome-do-Pai. Sob esta condição, o sujeito que deve abandonar as amarras do especular *pode* se engajar, apesar de tudo, no desconhecido, tendo por único apoio a lei do significante inconsciente.

[11] *Mémoires d'un névropathe*, Paris, Seuil, 1975, p. 46, parágrafo 37.

IV – *O esquema L e a psicose*

Lacan explicou-se de diversas maneiras sobre a natureza dessa passagem, passagem tornada necessária um dia pela vinda do acontecimento. A cada vez, o que está em jogo é explicitar o que é apresentado pelo esquema L e suas duas diagonais. Uma das fontes do esquema L é a leitura por Lacan dos estudos de Etienne Gilson sobre a Idade Média[12]. É lá que ele encontra a questão levantada pela teoria do amor na Idade Média e, mais precisamente, pelo debate que provocará o trabalho de Pierre Rousselot, *Pela história do problema do amor na Idade Média*[13]. Ele falará disso, freqüentemente, no decorrer desse seminário, particularmente para fazer compreender o que é a psicose.

"Pode parecer-lhes que seja um curioso e singular subterfúgio recorrer a uma teoria medieval do amor para introduzir a questão da psicose. Contudo, é impossível, sem isso, conceber a natureza da loucura"[14].

Houve na Idade Média duas teorias sobre a natureza do amor. Uma, chamada física, se fundamenta não no corporal, mas na *Physis*, a Natureza. Preconizada por São Tomás, tem sua fonte na ética de Aristóteles e sua apresentação na *philia*, o amor de amizade. O amor é atração *pelo bem*; ora, *o* bem verdadeiro só pode ser *meu* bem, o da minha psique, bem interior e espiritual. Assim, afinal de contas, o que eu vejo no outro, na medida em que é amado, é meu futuro antecipado, meu eu ideal. Como não reconhecer aqui o estágio do espelho?

A outra teoria, menos lógica, mas mais lírica e poética, é a dita "extática". Apresentada por Abelardo, São Bernardo de Clairvaux e outros, retoma através de Santo Agostinho o neoplatonismo. O amor é Eros; ele só faz seu próprio bem, porque põe "fora de si próprio", torna ex-*stático*. Não é a relação A→S no esquema L? Ora, essa relação é interrompida e detida pelo *muro* da relação imaginária; ela deve tomar esse desvio; veremos como se pode apresentar essa oposição entre as duas teorias pelo seguinte quadro:

---

[12] Foi sem dúvida através de J. Baruzi, seu professor de filosofia no Colégio Stanislas, que Lacan conheceu E. Gilson.

[13] Paris, Vrin, 1933 e 1981. Um resumo da história literária e teológica dessa dualidade nos foi dado por M. C. d'Arcy, *La double nature de l'amour*, Aubier, 1947.

[14] *Le Séminaire*, livro 3, p. 287 da edição francesa.

Físico	Extático
Philia	Eros
Amor de amizade	Amor de desejo
Saber de meu bem	Não-saber de meu bem
O amor do outro é a *razão* do amor de si	O amor do outro é sem razão
Sabedoria, medida	Loucura, violência
Unidade do amado e do amante pela identificação	Dualidade e desigualdade
A unicidade do gozo do amado e do amante faz relação entre eles	O absoluto do gozo do outro não faz relação entre o amante e o amado

O objetivo do debate consiste em manter a dualidade dos dois amores e em *não* reduzir um a outro. O amor só será sustentável entre o ser humano e Deus, entre um homem e uma mulher (e inversamente) se essa distinção sem separação puder ser mantida. O esquema L de Lacan retoma a distinção: não há um sem outro.

O que se passa, ao contrário, com o pré-psicótico? A relação imaginária segundo o amor de amizade existe, porém de tal maneira que ela *exclui* a outra relação. A diagonal a'→ a fecha, obtura a relação A → S. "Nós devemos fazer se *recobrir*", diz Lacan, "em nosso pequeno esquema, a relação amorosa com o Outro enquanto radicalmente Outro com a situação especular, tudo o que é da ordem do imaginário"[15]:

Esquema L:

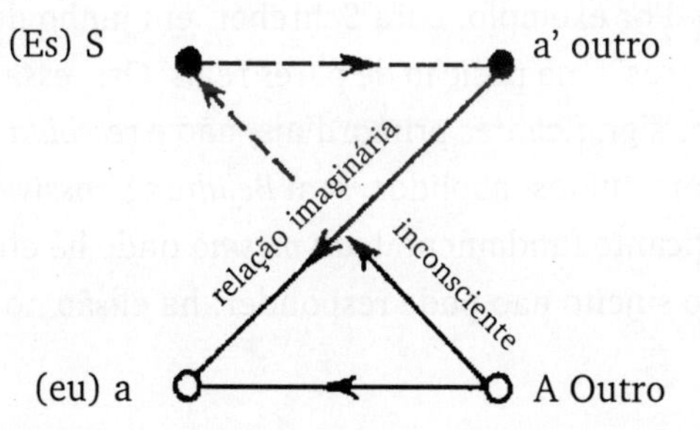

[15] Ibidem, p. 287.

Temos um exemplo desta situação em Schreber. Mesmo após seu delírio, ele vai conservar alhures, com sua mulher, uma relação "tão elevada quanto a da amizade, no sentido em que Aristóteles faz dela a essência do laço conjugal"[16], segundo a ética sempre atual do bem e do bem estar.

Como, porém, o desencadeamento da psicose se produz? Este se definiu como a explosão desse próprio recobrimento. A relação de amizade em espelho não é mais suficiente e abre um abismo, o do Outro absoluto: "Para o psicótico", diz Lacan, "é possível uma relação amorosa que o abole como sujeito, na medida em que ela admite uma heterogeneidade radical do Outro. Mas esse amor é também um amor morto"[17]. O amor "extático" se torna amor louco, insuportável, conduzindo ao suicídio. Não dizemos do louco que ele está "fora de si", extasiado?

Temos então, na psicose, ou bem o amor "físico" ou bem o amor "extático", mas jamais os dois, na sua relação de distinção.

V – *A elisão no simbólico*

Vimos uma primeira elisão. O imaginário que dava sustentação e referência na pré-psicose falha um dia. Assim, Ida Macalpine podia notar em Schreber uma incerteza sobre sua identidade sexual: o que é ser um homem, uma mulher?[18]. Os modelos não bastam mais para responder. Há, diz-se, descompensação, decomposição (*Verwesung*).

Uma psicose se desencadeia, porém, quando a essa falha vem se juntar, vem coincidir uma segunda, pelo aparecimento de um outro acontecimento: o apelo a *um* significante de base, apelo vindo de uma autoridade dita paterna e dirigido ao sujeito. Por exemplo, para Schreber, em junho de 1893, "um apelo expresso dos ministros"[19] na posição de pares reais. Ora, essa invocação situada no Outro, lugar dos significantes primordiais, não é *recebida* pelo sujeito. Esses significantes são foracluídos, abolidos, sem *Bejahung* possível. Intimado a adequar-se a tal significante fundamental, *ali mesmo* onde há elisão no imaginário das significações, o sujeito não pode responder: há elisão no simbólico.

---

16 *Écrits*, p. 574.

17 *Le Séminaire*, livro 3, p. 287 da edição francesa.

18 Cf. sua notável exposição "Discussão sobre o Caso Schreber" (1955) publicado em *Le cas Schreber*, Paris, P.U.F., 1979, pp. 111-163.

19 *Le Séminaire*, livro 3, p. 360 da edição francesa.

Lacan se refere aos recursos gramaticais da língua para nos fazer compreender essa impossibilidade no futuro psicótico. Ele escolheu essa afirmação vinda do lugar do Outro e endereçada ao sujeito: "*Tu és aquele que me seguirás*"[20]. Como o "tu" transporá a tela do "aquele que" para dar a entender a continuação? Receberá o sujeito um "me seguirá" *ou* um "me seguirás"? Qual deles receberá na exclusão do outro, apesar de sua identidade fonemática?

O primeiro caso, o "me seguirá", é o do pré-psicótico. Ele recebe uma *constatação* na terceira pessoa: tu és um zeloso, identificado a sua tarefa, em conformidade com seu papel, bom elemento de um sistema. E então ele responde: sim, certamente, eu o sou!

Mas eis que, um dia, isso não funciona mais; a identificação segundo a imagem deixa o sujeito na incerteza e no desamparo. E é nesse momento que só o apoio do Outro absoluto *poderia* permitir avançar no desconhecido: "tu és aquele que me seguirás": mandato, delegação, missão, pela invocação feita a uma *Bejahung* de um significante fundamental, certamente sem significação atual mas podendo engendrar, mais tarde, uma nova significação. Mas... que pena! O significante está foracluído: o apelo abre no pré-psicótico um vazio insuportável na ordem simbólica.

Qual é então esse significante fundamental no simbólico ao qual um interlocutor apela mas que no sujeito não responde? Lacan vai nomeá-lo de diversos nomes, para afinal, e definitivamente, nomeá-lo por seu nome de Nome-do-Pai. Ele o apresentou com a ajuda de uma metáfora rodoviária: há duas maneiras de se ir de carro de Mantes a Rouen: a rodovia nacional 15 ou as departamentais. Ora, essas estradas não têm a mesma função. A nacional, como um rio (o Sena), é uma via de passagem *a partir* da qual em certos núcleos estão instaladas cidades (Mantes, Rouen). As departamentais, ao contrário, abrem uma trilha que vem ligar entre si povoados *pre*existentes[21]. Assim, como a grande estrada em relação às cidades, o significante é primeiro "na medida em que polariza, prende, agrupa em feixes as significações"[22]. Mas, se o significante falta, é preciso então suplementá-lo *adicionando* significações, uma após outra, como povoados, e correndo o risco de se enganar na adição... e na leitura dos cartazes de estrada e das placas indicativas.

---

[20] Ibidem, cap. XXII.

[21] Saint Martin-la-Garenne, La Roche-Guyon, Vernon, Les Andelys, Pont-Saint-Pierre.

[22] *Le Séminaire*, livro 3, p. 328 da edição francesa.

Essa metáfora nos esclarece sobre a maneira de responder à pergunta: o que é ser pai? O Nome-do-Pai, o pai como Nome, como significante, não é transmitido *ao* sujeito nem por um homem que se declara pai, nem pela sociedade política ou religiosa, mas graças *ao desejo da mãe.* Em conseqüência, diversas significações da paternidade podem se suceder para ele, segundo a singularidade de sua história e de sua cultura; seu desaparecimento ou sua modificação não são catastróficos.

Se, ao contrário, o Nome-do-Pai está foracluído, será preciso adicionar incessantemente significações como resposta ao ser-pai, correndo-se o risco de que a adição não seja suficiente um dia. Por exemplo, vai-se definir o pai como genitor, *ou* aquele que se ocupa do filho, *ou* aquele que transmite o sobrenome (não confundir com o Nome-do-Pai), *ou* aquele a quem a criança reconhece e adota como pai, e ainda... e ainda... é *sem fim*; a psicossociologia aí se esgota, porque nenhuma significação é decisiva, *a menos* que ela esteja atrelada, polarizada pelo significante do Nome-do-Pai.

VI – *As duas faces da psicose*

Uma psicose se desencadeia a partir da coincidência de dois furos em um só: por um lado, a elisão no imaginário em conseqüência da novidade de uma escolha a ser feita e, por outro, a elisão no simbólico pelo apelo em vão ao Nome-do-Pai. Desse furo único, vai se engendrar sem tardança um desencadeamento da fala segundo esses dois tempos *sucessivos*: o da perplexidade, o da convicção.

1. Perplexidade

O que, no outro, está foracluído do simbólico retorna do exterior, no real. Ali, onde no Outro se revela um vazio, surge aquilo que se chama de fenômenos elementares, tão bem descritos por Clérambault sob o nome de automatismo mental. Lacan, que foi interno em 1928, por um ano, na Enfermaria Especial dirigida por Clérambault, não esquecerá jamais o que lhe deve nesse particular. A psicose se declara assim: *palavras se impõem* ao sujeito como vindas do exterior sob forma de voz, como eco do pensamento, como enunciação de atos a cumprir ou como comentários destes. Na seqüência de um acontecimento novo, durante o qual o sujeito não sabe o que fazer, eis que sinais lhe são *pessoalmente* endereçados: tal frase ouvida, que se repete a propósito de tal cor, de tal gesto ou a propósito de um objeto colocado aqui e não acolá. Clérambault escreve justamente: "Indiferenciado no início, o pensamento se torna gradualmente auditivo ou verbo-motor: verbal, objetivo, individualizado e temático"[23].

Há intrusão do significante: isso fala por si próprio, automaticamente, segundo uma *sonoridade* específica, com o sentimento que tem o sujeito de que isso diz respeito a si próprio, isso fala *por* ele. Habitualmente, dizia Lacan, "o que está em questão para o homem é justamente se virar com essa modulação contínua, de maneira que isso não o ocupe demais"[24]. Mas aí é demais: o discurso interior não pára, como diz muito claramente Schreber: "Tudo isso não germinou por si só em minha cabeça, mas nela se intrometeu, falado do *exterior*"[25]. Daí a interrogação: o que é que, ao me dizer isso, isso quer? Nada de resposta! Nas palavras de Maupassant, é o *horla*: fora (*hors*) de toda designação de um aí (*là*) enfim localizável! A perplexidade permanece diante do enigma insuperável.

Esse "núcleo das psicoses", diz Clérambault, é "ideativamente neutro". Com efeito essas vozes nada têm de persecutório; sua neutralidade não faz senão acentuar o sentimento de estranheza causado pelo enigma de sua insistente presença. Que fazer então dessa impessoalização? Como sair da perplexidade?

2. Convicção

O delírio tem por função dar *resposta* ao enigma: uma "tentativa de cura, uma reconstrução", escreve Freud[26]. O delírio é, com efeito, não uma, mas a própria interpretação, aquilo que permite ao psicótico "reconstruir o universo, não com a verdade mais esplêndida, mas ao menos tal que ele possa nele viver novamente. Ele o reconstruiu por meio de seu trabalho delirante"[27]. Trabalho de convicção.

No delírio, as vozes do discurso interior são atribuídas a *tal* outro, daí em diante nomeável e denunciável: não mais *Horla*, mas *Danla**! Além disso, o delírio dá significações às vozes, estando os significantes reduzidos à pura função de exprimi-las.

---

[23] *Oeuvres psychiatriques*, Paris, Frénésie, 1987, p .485.

[24] *Le Séminaire*, livro 3, p. 128 da edição francesa.

[25] Em alemão: "sondern von auben her in denselben hineingesprochen worden sind". *Mémoires d'un névropathe*, cap. 15, parágrafo 203, Paris, Seuil, 1975, p. 170.

[26] *Cinq psychanalyses*, Paris, P.U.F., p. 315.

[27] Ibidem.

* O jogo é entre *hors là* (*hors* = fora) e *dans là* (*dans* = dentro). (NR)

Assim, a conversa, em novembro de 1893, entre Flechsig e Schreber, torna-se o ponto de partida de uma metáfora delirante. Flechsig "deu mostras", escreve Schreber em suas *Memórias*, "de uma eloqüência realmente notável que me causou uma profunda impressão". Ele lhe fala de novos soníferos e então: "ele me dá a esperança de que, sob o efeito de um sono *fecundo*...", *ausgiebigen Schlaf*[28]. No lugar onde falta a metáfora paterna (metáfora operada pelo significante do Nome-do-Pai), vem uma outra metáfora: a da gravidez, de fecundação feminina com vistas à procriação de uma nova humanidade, sob a influência de Flechsig, e depois de Deus. Schreber "reconstitui o pai"[29]. O pai volta do exterior no real, na medida em que, como Nome, ele está desde sempre foracluído no Outro.

Essas significações são queridas pelo outro: é sempre o outro que tem a iniciativa, qualquer que seja a forma do delírio (perseguição, erotomania, ciúme). Não sou eu, é o outro que fez de mim o centro de seu próprio universo (megalomania): fenômeno de "auto-referência". O outro é concernido por mim, não o inverso. Eu sou seu duplo; e cá estamos, um e outro, na maior intimidade!

Assim, na medida em que a um certo apelo o sujeito não pôde responder, o delírio vem *recobrir* a relação ao Outro por uma "proliferação imaginária de modos de ser que são outras tantas relações ao pequeno outro"[30]. O Outro é poderosamente afirmado mas sob o modo da relação dual, *imaginária*, por uma proliferação de significações.

Assim, diz Lacan, "a estrutura imaginária vem se restaurar"[31]. Freud insiste em que o objeto delirante seja do mesmo sexo: um homem para um homem, uma mulher para uma mulher. Isso tem atormentado muito os psicanalistas pós-freudianos. Como sempre, Lacan tenta salvar Freud: o que este designa, ao falar de homossexualidade, é a relação ao semelhante como imagem, aquele que se crê compreender, que já se percorreu, de quem se conhecem as intenções a seu próprio respeito. Não é o *hetero* do Outro sexo, do grande A; ele nos escapa por definição.

ELISÃO	RESTAURAÇÃO
1. Do imaginário	3. No real: perplexidade
2. Do simbólico	4. No imaginário: delírio

---

[28] *Mémoires d'un névropathe.*

[29] *Le Séminaire*, livro 3, p. 361 da edição francesa.

[30] Ibidem, p. 289.

[31] *Écrits*, p. 568.

Enfim, o que está em jogo no delírio não é um negócio privado. Trata-se de testemunhar uma mensagem recebida e de *comunicá-la* publicamente: que todos saibam que a injustiça reina e que a lei deve intervir sem tardar! Senão o *próprio* sujeito será levado a fazer justiça, por uma passagem ao ato. Veremos como, a partir de dois exemplos.

VII – *Qual inconsciente?*

Esses dois tempos da psicose – perplexidade, convicção delirante –, na medida em que são desencadeados por uma foraclusão, mostram-nos finalmente que psicose e neurose têm uma estrutura bem diferente por mais que aconteça que o pré-psicótico e o neurótico tenham uma sintomatologia semelhante.

Freud se deu conta disso e Lacan retomou Freud, desenvolvendo amplamente o assunto. A psicose não se origina do inconsciente como sede do recalcado e de seu retorno na neurose. Desde 1911, a propósito de Schreber, justamente, Freud reconheceu um outro mecanismo:

"Não era exato dizer que o sentimento reprimido interiormente fosse projetado para fora (*die innerlich unterdrückte Empfindung wird nach auben projiviert*); antes, vemos que aquilo que foi abolido no interior retorna do exterior (*das innerlich Aufghobene von auben wiederkehrt*)"[32].

Abolição, rejeição, recusa, elisão. Lacan dirá: foraclusão, isto é, ausência de *Bejahung* incidindo sobre um significante e podendo permitir, em seguida, um recalque por *Verneinung*. Essa ausência abre uma perspectiva inteiramente outra, que nos leva a uma nova definição do inconsciente, a "uma função do inconsciente distinta do recalcado"[33]: o inconsciente como transmissão de uma não-transmissão. Lacan a chamará mais tarde de uma ausência de nós, uma des-nodulação, um des-ligamento.

Mas falar de nós não é apelar para uma outra via: não de fala, mas de monstração?

---

[32] *Cinq psychanalyses*, P.U.F., 1967, pp. 314-315.

[33] *Écrits*, p. 558.

Capítulo 2
Clínica e psicose*

O Édipo

Hoje, vou lhes mostrar os diferentes períodos do ensinamento de Lacan e concluirei na parte da tarde com a última posição de Lacan. Mas, nesta manhã, lhes apresentarei como Lacan reagiu contra a maioria dos psicanalistas, que considerava inútil o Complexo de Édipo. Lacan avaliava que abandonar o Complexo de Édipo seria fazer da psicanálise um delírio; Freud, nos seus "Três ensaios sobre a sexualidade", numa pequena nota de rodapé colocada em 1920, dizia que o reconhecimento do Complexo de Édipo tornou-se a palavra de passe que distingue os partidários da psicanálise de seus adversários.

Escutem, isto é muito atual. Isto não significa apenas distinguir a psicanálise da psicologia ou da psiquiatria, mas distinguir o psicanalista que permanece fiel à linhagem de Freud daqueles que consideram Freud superado. Freud, para muitos psicanalistas, pelo menos na França, seria considerado como dependente de sua época em Viena, nos anos 1900, ou seja, de uma civilização onde o patriarcado ainda era existente: o pai barbudo, a majestade paterna. Sigmund manteve a barba. Em outras palavras, seria também um pai violento, castrador;

* O presente capítulo é oriundo de conferências gravadas, transcritas e editadas.

isto corresponde ao patriarcado, mas é uma contradição com o pai de hoje. Então, a psicanálise de Freud estaria superada, já que o pai, hoje em dia, não é castrador. Alguns pais já não o eram, no tempo de Freud; por exemplo, o pai do pequeno Hans – o supereu de Hans vem de sua mãe, não do pai. O pai era, para Hans, como o irmão mais velho, muito gentil, muito bonzinho – foi por isso que Hans adoeceu. Foi necessário a ele um Sigmund Freud, um verdadeiro pai do patriarcado. É assim, com Freud, que o pequeno Hans vai ser curado. Em outras palavras, existe uma dupla crítica: se, por um lado, os pais de hoje em dia não são os pais do patriarcado, por outro, como dizia Melanie Klein, o supereu materno é ainda mais severo do que o supereu paterno. Foi por isso que escrevi este livro: *A feminilidade velada.*

Apresento o Édipo, segundo Freud. Vou avançar rapidamente. Num primeiro tempo, a criança está ligada à mãe e exclui o pai. Então, vocês têm o desejo, o incesto e o assassinato do pai. São os dois desejos primeiros de todo ser humano; só que esquecemos isto. Vocês todos são amnésicos, esse é o problema.

O segundo tempo é o da angústia de castração. Ou seja, a criança imagina o pai como dominador, ciumento, como um rival que, por retorção contra a agressividade da criança, a ameaça. Neste ponto, a genialidade de Freud é surpreendente: a ameaça incide sobre a imagem do corpo da criança. Aí está a genialidade! Para a criança, com efeito, não existem dois órgãos sexuais, um masculino e outro feminino. Só existe um, que já foi perdido pela menina e, ainda não, pelo menino; ainda não, mas é só uma questão de tempo. Então, para o menino há a ameaça de castração; este não é o caso para a menina, que já o perdeu. Vocês vêem como as mulheres estão sempre à frente dos homens. Então, a genialidade de Freud, vejam, é que a ameaça viria do pai.

Num terceiro tempo, a saída do Édipo, isto é, a ligação incestuosa com a mãe e a angústia de castração pelo pai vão declinar, desaparecer, ou seja: a criança tem a sabedoria de deixar a mãe e fazer uma virada narcísica sobre o seu eu [*moi*]. Ela salva o seu eu, abandonando a mãe, e, então, se volta para o pai como preferido à mãe. Este amor é uma demanda dirigida ao pai e há, no menino, a espera de receber, um dia, os signos, os sinais de identificação, da virilidade, segundo o ideal do eu masculino. Ele já tem este título e isto irá se cumprindo pouco a pouco, durante a sua adolescência.

Na menina, este amor dirigido ao pai é a espera de receber de um homem, um homem que venha tomar o lugar do pai, o falo que ela não tem. Neste ponto, Freud faz uma equivalência simbólica entre falo e criança, isto é: se tornar mãe, graças a um homem. Então, vocês vêem que, em Freud, é o amor pelo pai que promove o declínio do Édipo e a angústia de castração cessa. Em outras palavras, há uma incorporação da autoridade do pai e Freud chama a isto o supereu: a voz do pai interiorizada. Isto é o que é contestado pela psicanálise oficial. Não convém à família moderna, na medida em que o supereu materno é tão forte quanto ou mais forte que o paterno.

Lacan fez um seminário privado, em seu consultório, a partir de 1951, onde estudou com alguns colegas o "Homem dos ratos"; foi a partir disso que, em 1953, inventou a sua tripla nomeação por três adjetivos que, mais tarde, entre nós, atualmente, tornaram-se substantivos. Vocês dizem *o* Simbólico, *o* Imaginário, *o* Real, mas a origem não foi esta. A invenção de Lacan são os adjetivos para qualificar o pai; não a mãe. Não se diz: a mãe simbólica, a mãe imaginária, a mãe real. Lacan leu Freud numa grande solidão, quando estava na IPA. Ele quis revisitar o Édipo para salvá-lo e, para salvá-lo, inventou três adjetivos que, naquela época, qualificavam o pai: o pai simbólico, o pai imaginário, o pai real. Essa é a primeira invenção de Lacan. Haverá, mais tarde, uma segunda: o objeto *a*. Não há outra. Lacan inventou duas coisas: três adjetivos que qualificam o pai e o objeto *a*. É aí que vocês podem escolher ficar com ele ou sem ele.

Como Lacan vai poder, assim, dar lugar para o Édipo de Freud? Ele vai justificar Freud. É preciso que se passe para algo de estrutural ao invés de cultural. Isto é muito importante. Então, ele vai situar, vai justificar Freud, situando o Édipo, num segundo tempo, na criança, quer dizer, entre o primeiro e o terceiro tempos. O Édipo freudiano estaria aí. Vou apresentar isto rapidamente porque estamos com pressa, estamos atrasados.

Inicialmente, o primeiro tempo. No primeiro tempo, trata-se do pai simbólico. O pai no simbólico não vem do pai: vem da mãe. E já lhes disse, a criança é olhar, puro olhar; ela está deitada, de costas, não compreende nada do que sua mãe lhe fala, mas vê esta imagem que vai e vem, esta imagem materna, que fala com ela; ela ouve os sons de sua voz; a mãe a toma nos braços, a alimenta, a faz dormir, a educa. Há aí algo de interrogativo. A mãe vai embora e retorna. Há uma alternância entre presença e ausência. Agora, se ela volta, será que sou tudo para ela? Se ela se vai, será que não valho nada, sou zero para ela? Eu grito, ela vem. Ela vai embora. Eu grito de novo e ela não volta. Eu não grito mais e ela vem. Este é o enigma desta alternância entre duas respostas contraditórias: ou sou tudo para ela, e aí é a angústia, eu sou pequeno demais, incapaz... ou não sou nada para ela, mas, ainda assim, ela volta. Então, sou tudo para ela. Esta é a alternância. É a isto que se chama a loucura. Estou submetido à lei do arbitrário, do capricho, do acaso. O capricho é que enlouquece.

Então, é a mãe que responde e que impede a psicose, transmitindo o significante que designa um lugar, uma posição terceira, entre a mãe e a criança; a transmissão, para o inconsciente da criança, deste lugar é o significante do Nome-do-Pai. E este significante tem uma significação. Qual? A do desejo da mãe, ou seja, de sua falta. Por que, quando você grita, eu não venho? Isto não é tão arbitrário, não é por capricho, porque quero beber um copo d'água na cozinha... não. Não é por isso. É porque a minha falta está alhures. Meu desejo é a minha falta, que está alhures. Por isto Lacan escandalizou seu auditório, dizendo: "a mãe funda o pai". Funda o pai como mediador de alguma coisa que está para além do capricho, para além dela e de seu capricho em relação à criança. É a lei como tal, diz Lacan, não é a imagem do pai. É um significante que marca um lugar, uma posição terceira. Lacan insiste: é a mãe que funda o pai; é este o escândalo. É o escândalo do ensinamento de Lacan. É por isso que vocês, hoje, encontram pessoas que se dizem lacanianas mas que não falam mais da foraclusão do Nome-do-Pai, ou, pelo contrário, da inscrição do Nome-do-Pai transmitido à criança: o que escandaliza os homens é que eles não podem ser pais, por eles mesmos, para o inconsciente da criança. Não estou falando para o juiz, para a sociedade política ou religiosa. Sim, Deus é pai de si mesmo. É o chefe militar, aquele que decide. Esse é o escândalo: o escândalo do inconsciente freudiano. Há transmissão ou não. Isto depende não do pai, mas de uma mãe não enquanto mãe, mas enquanto mulher.

Esquema R:

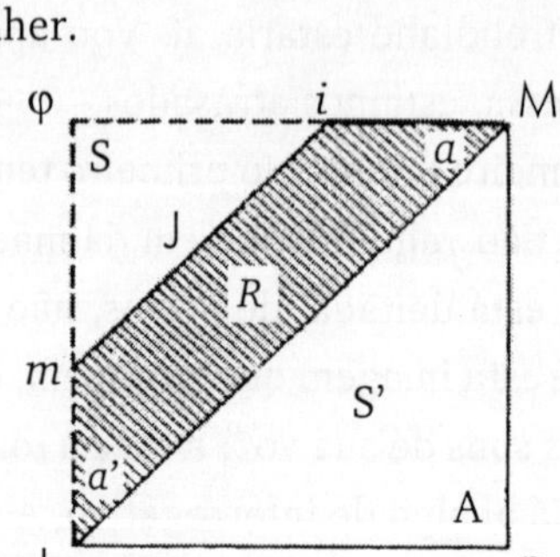

Vejam o esquema que fiz no quadro: coloquei, ali, a mãe; se fosse 100% mãe, haveria uma foraclusão; sua falta é a criança. Foraclusão. Vejam, é a mãe enquanto mulher; o escândalo permanece. Lacan vai repetir isto em todos os seus seminários. Num seminário tardio, de 16 de junho de 1971, Lacan repete a mesma coisa: é enquanto significante, significante capaz de dar um sentido ao desejo da mãe, que, a justo título, eu pude situar o Nome-do-Pai, nos anos 56, 57, 58. Dar um sentido para a criança, quer dizer: "você, meu filho, não é nem tudo nem nada". Isto é insuportável para uma criança: você é segundo. Você tem um lugar... mas o objeto do meu desejo esteve e está ainda alhures, num lugar terceiro. É a marca de um lugar. Então, repito, o Nome-do-Pai não é o patronímico, o sobrenome. Na França, um terço dos casais não é casado; e a mulher pode transmitir seu sobrenome; isso é jurídico. Por causa disso, vocês vão dizer que a criança fica louca? Não. O que digo a vocês é outra coisa; não é de ordem jurídica. É outra coisa, não é o sobrenome. É o sentido do seu desejo. Essa é a posição que não cessa de escandalizar. Então, o pai no simbólico.

Lacan dizia: escutem, não se surpreendam, já estava presente em Freud; por exemplo, no seu mito de "Totem e tabu". O pai só existe estando morto. Vocês se lembram deste relato: o pai é morto, os irmãos interiorizam a lei paterna e, por meio de um contrato social, instauram esta lei da interdição das mulheres. O pai simbólico, diz Lacan, é o pai morto. Eu disse um lugar, não disse um homem, uma pessoa. Então, não se trata de uma imagem viva; se ele está num cemitério, o lugar está sempre ali. Vivo ou morto, o importante é que esteja no simbólico. Não se trata de uma imagem visível. Se vocês fizerem uma interpretação à Lévi-Strauss, vocês compreenderão que a lei do pai só existe enquanto pai morto. Ou seja, não na imagem; esta é a interpretação estrutural do mito freudiano: o pai só existe na fala da mãe. É por isso que Lacan dizia que era extremamente curioso que tenha sido preciso o discurso analítico para que se colocasse a questão: "o que é um pai"?. Freud não hesita em articular que é o nome que por essência implica a fé. A fé em quê? A fé na palavra da mãe. Não se trata do juiz das questões familiares, ou da fala religiosa. Esse discurso oficial deve ser submetido à palavra da mãe. *Pater incertus est* (citação de Freud em "Moisés e o monoteísmo"), *mater certissima*, porque, vejam, o corpo-a-corpo entre mãe e criança, isto é sensível, isto se toca, é *certíssimo*. Nove meses de gestação, o parto, a amamentação: certíssimo, não há dúvida. Quanto ao pai, é a incerteza. E aí fica-se louco. Não se se acreditar na palavra da mãe.

No entanto, a palavra não é a sensibilidade do corpo-a-corpo que faz com que a psicanálise da IPA exalte esta comunhão corporal como um ninhozinho de pássaro. Vejam, o corpo da mãe é o pequeno ninho protetor do pássaro. É o equilíbrio, a certeza, a segurança. O problema é que é preciso que o passarinho abandone o ninho. E a felicidade seria reencontrar o ninho: não há luto. Em Freud, não é isto: nele, o ninho não é a felicidade: é a angústia. O pequeno Hans tem uma mãe maravilhosa; mas é a angústia. É a angústia no lugar da proximidade entre mãe e criança, quando não há uma dimensão terceira, triangular. O pequeno ninho, então, não é a felicidade, é a angústia. Lacan explicou muito bem isto no Seminário 4.

Então, é preciso a fé naquilo que não se vê, mas que se escuta: a palavra da mãe. Este é o bê-a-bá da psicanálise: a sexualidade é perversa e toda criança é perversa; quer dizer que, se a falta da mãe tem um sentido, este sentido chama-se falo. A metáfora paterna – ou seja, a substituição, pelo significante "Nome-do-Pai", do significante "desejo da mãe", já que a metáfora é uma substituição de significantes: um significante toma o lugar de um outro significante –, isto engendra uma significação fálica, quer dizer, o desejo. Então, se isto é transmitido à criança, vai abrir-se para ela um futuro, uma possibilidade futura: ser o falo da mãe. E é este o primeiro tempo. Há uma questão em jogo, uma trama. O significante falo é transmitido em posição terceira pela mãe; então, passagem do simbólico para o imaginário – ser o falo da mãe. É isto que Freud chama, justamente, a perversão e é por isto que toda criança não-psicótica, eu não diria que é perversa, mas que tem uma perversão: tem uma posição perversa, isto é, ela quer ser o falo e isto se torna possível porque ela não é psicótica, porque a mãe lhe transmitiu a significação fálica do desejo. *Fálica.*

O desejo não é a necessidade, necessidade de comer, de beber, de dormir, de andar... Não! Esta é a necessidade. "É preciso que você coma, meu filho". Existe outra coisa. "Por que ela me diz isto? Não é apenas para a minha saúde; é porque ela tem um desejo que me concerne". Não se trata de autoconservação; é uma outra coisa. É por isso que, se a mãe manifestar somente necessidade para a criança, a criança dirá não, seja pela bulimia, seja, antes, pela anorexia mental. A anorexia mental é dizer não ao objeto da necessidade; porque o que importa não é a sua necessidade, a minha necessidade: é o desejo. O sintoma da anorexia mental é positivo. Não é um déficit, não é simplesmente uma boca para ser alimentada e um traseiro para ser limpo três vezes ao dia. É uma outra coisa. Então, digo "Não", pela anorexia mental, se sou tratado desta maneira. Nada para comer e nada para ser limpo no traseiro: outra coisa, por favor, outra coisa que não seja da ordem da necessidade. A perversão não é da ordem da necessidade; é da ordem do gozo. O que está em jogo não é meu gozo de criança, mas o gozo da mãe. Esta é a perversão de toda criança, nos diz Freud – na medida em que esta criança não seja psicótica. Isto quer dizer que a significação fálica foi transmitida.

No segundo tempo, Freud mostrou, estamos lidando com uma imagem de pai. Não é o pai no simbólico, mas o pai como imagem. É a demanda de criança, menino ou menina, que se volta para este pai que Lacan qualifica não de castrador, mas de privador. Se vocês leram bem o Seminário 4 – devem se lembrar deste seminário *A relação de objeto*, ele é absolutamente essencial –, é uma imagem forte, majestosa, digna de ser estimada e amada. Eis o lugar do Édipo freudiano: um pai estimável por sua imagem, quer dizer, que ele faça a ponte diante da mãe. O imaginário não é desprezível. É a demanda, neste segundo tempo, de toda a criança. "Oh! papai, por que você não vem me buscar na escola? Vou ter que voltar sozinho para a casa...". Por que isto? "Porque se você vier não sei o que meus coleguinhas vão dizer amanhã de manhã... O que vão dizer, como vão ver esta imagem de meu pai? Será que, para eles, esta imagem vai ser visível? Esta imagem não é perfeita... O que vão dizer meus colegas, minhas colegas se virem meu pai, na calçada, na porta da escola?". Há uma necessidade muito grande de se ver um pai que se possa admirar e não ridicularizar. Então, vocês vêem, existe a apresentação pública do pai à qual toda criança é sensível, diante da opinião de seus colegas e de suas colegas. "Teu pai está mal barbeado... devia cortar o cabelo...".

Isto é exatamente Freud. Vocês se lembram da imagem forte, da imagem do líder, no Exército, na Igreja, na Política... É a autoridade, por mais que a criança reclame, enquanto imagem. É isto que Freud explica como aquilo que permite deixar a mãe e receber do pai ou bem o traço identificatório da virilidade, ou bem um filho como substituto do falo. Este pai é o pai que Lacan chama de pai privador. Ele priva a mãe no sentido de que ele tem o que ela não tem; e ele dá isto a ela quando quer. Ele não dorme com ela, necessariamente, todo dia. Para a criança, ele é privador não, inicialmente, porque priva a criança, mas porque ele priva, também, a mãe.

Depois vem o que é mais difícil no ensino de Lacan – porque este primeiro tempo e este segundo tempo são claros: o que vem da mãe enquanto mulher, o que vem da criança –; depois, agora, aquilo que virá de um homem. Aí a transmissão de Lacan é muito difícil. Não se fala muita coisa sobre o pai real. No entanto, Lacan, a partir de 66, vai falar, a cada ano, sobre o real do pai; é o quarto Lacan, o de 66/72. Seis anos de ensino difícil, mal lido, mal transcrito, difícil. O que é o real do pai?

O lacanismo é a diferença entre o Simbólico e o Imaginário. Mas o real, o que é? O real não é a realidade. É o terceiro tempo, vejam, isto é, um homem que vai ocupar um lugar, se o lugar estiver ali. Eu ocupo esta cadeira porque a cadeira já estava aqui. Se não houvesse cadeira, eu teria que ir embora. Então, a mãe instaura um lugar, ali, mas é um lugar vazio. Só-depois, num segundo tempo, um homem poderá vir a ocupar este lugar vazio, da sua maneira. Foi isto que descrevi numa pequena obra chamada *O manto de Noé*. Vejam, é revoltante para muitos homens, para o amor próprio deles: eles não conseguem encontrar um lugar junto da criança a não ser que este lugar já tenha sido instaurado pela mãe. Mas eu respondo para estes homens: senhores, há lugar e ele está vazio, quer dizer, ocupem este lugar à maneira de vocês. Vocês não estão submetidos a suas mulheres: "vai buscar o avental", "vai fazer o mercado", "vai acordar a criança", "vai limpar o traseiro dela". Não. Não é uma palavra de ordem, um imperativo. Não... à sua maneira... Eis o pai real. O pai real chega em segundo lugar se já houver um lugar marcado. Mas acrescento: este lugar está vazio e ele o ocupa como bem entender – isto é muito importante. Por quê? Porque é este pai real que permite à criança, ao menino ou à menina, à medida que cresce, operar com o luto, isto é, operar o luto da grande imagem, que ela, a criança, pede ao pai: fazer o luto do pai ideal. Isto é muito difícil: é impossível para o neurótico – o neurótico não faz o luto do pai ideal, do pai privador. Só o pai real permite ao adolescente ou à adolescente reconhecer que o pai ideal não existe. Por quê? Porque o real do pai não é ideal e é isto que permite ao filho ou à filha não procurar um líder na sociedade política ou religiosa, um grande chefe, porque o papai, coitadinho, não está à altura. Isto é muito importante. O nascimento da democracia é o luto do pai ideal. É por isso que a psicanálise só pode ser exercida numa sociedade democrática. Este foi o problema do Instituto de Berlim, sob o regime de Hitler. Com efeito, o real do pai é instaurado por um homem, neste terceiro tempo, sob que condições? (Vocês receberam um papel. Querem que leiamos juntos? Este texto é formidável...).

Vocês vão ouvir um seminário tardio de Lacan, *RSI*, sessão de 21/01/75. É um seminário tardio; logo, é o que chamo o quinto Lacan, porque Lacan avança muito lentamente no que concerne ao real. Vamos ler uma passagem sobre o real do pai: "Um pai não tem direito ao respeito, senão ao amor, a não ser que este dito amor, este dito respeito sejam perversamente [*père-versement*] orientados". Trata-se de um jogo de palavras de Lacan, onde está jogando com o termo perversão, *père-versement* (*version*, quer dizer, voltar-se em direção a, tornar... *versus*, quer dizer, *vers*, em direção a). Quer dizer, um pai, que está orientado quanto a seu gozo perverso está orientado em direção à criança? Não. Isto quer dizer fazer de uma mulher o objeto *a*, que causa seu desejo. Então, *perversement orienté* seria voltado em direção a; um homem voltado para uma mulher: é este o real do pai. Penso que, no Brasil, esta mulher é, na maioria das vezes, a mãe da criança, mas nem sempre. Num caso de separação, de divórcio, é uma mulher outra que não a mãe da criança. Esta "uma mulher" está em posição de objeto *a* e, ao mesmo tempo (há o verbo acolher), o que ela acolhe e o que, enquanto objeto *a*, colhe (se posso me exprimir assim... o que ela acolhe não tem nada a ver com a questão). Com efeito, aquilo de que ela se ocupa é de outros objetos *a*, que são as crianças junto às quais o pai, no entanto, intervém. E há aí uma palavra escandalosa de Lacan: quer dizer, este pai intervém excepcionalmente, na melhor das hipóteses, para manter na repressão, no justo semideus (jogo de palavras: semidizer, semideus), semidizer, a versão, *père-version*, ou seja, ali para onde ele está se voltando, a versão, então, que lhe é própria, da sua *père-version* – segundo escândalo –, única garantia da sua função de pai. É por isso que semideus, semidizer é o manto de Noé. Uma cortina... "Meu gozo não te interessa, não está com você, meu filho...". Cortina, tela, uma tela em branco. Foi por isso que intitulei este livrinho *O manto de Noé*. Sobre ele vocês podem afixar a imagem do pai ideal, mas, para projetá-la, é preciso uma tela; o pai real está por detrás da cortina. "Teu quarto é teu quarto e o meu é o meu. Meu gozo não tem nada a ver contigo; meu gozo se volta para uma mulher, uma mulher da minha geração, causa de meu desejo". Foi por isso que Noé amaldiçoou seu filho mais velho e abençoou os dois mais novos. Estava muito calor, no meio do dia, Noé tinha bebido e deitou-se para fazer a sesta, sem se dar conta de que estava nu. (Vocês conhecem a continuação da história... é muito instrutiva). Este manto de Noé é o que chamo "a cortina"; o que Lacan chama de "o semidizer". É por isso que... vamos continuar um pouco mais adiante no texto, cinco linhas, mais adiante... "Pouco importa que ele tenha sintomas, se ele acrescentar, a estes sintomas, o da *père-version*, versão-do-pai, paterna, ou seja, que a causa disto seja uma mulher, mulher que tenha adquirido para lhe fazer filhos e que destes, quer queira quer não, ele se ocupe, tenha cuidados paternos. A normalidade não é virtude paterna, por excelência, mas apenas o justo semidizer, dito no instante, ou seja, o justo não-dizer".

Cinco linhas abaixo, no último parágrafo: "É raro que ele seja bem sucedido neste justo semideus, semidizer [a cortina, a tela]. Eu quis dizer, de outra vez, num artigo sobre Schreber – lembram-se do título deste artigo?... 'Sobre um tratamento possível da psicose', nos *Escritos* –, nada pode ser pior que um pai que profere a lei sobre tudo. Principalmente, nada de pai educador, mas, antes, retirado de todo o magistério. Se vocês têm boa memória – eu lhes falei sobre este pai – é o pai do Presidente Schreber. O pai que supervisiona tudo, que quer controlar tudo e que quer encontrar seu gozo dizendo uma palavra a seu filho, acima de todas as coisas". Não há segredos para a criança, transparência, devo saber tudo para poder te controlar, meu filho. Vejam, um pai educador a respeito de tudo. Não é este o real do pai. Schreber não tem pai real. Ele tem um pai orientado para ele, em direção a ele, Schreber, e não em direção a uma mulher. O real do pai é um pai retirado de todo o magistério. Evidentemente, não é isto que se aprende na universidade, na psicologia. Reclama-se um pai que esteja presente todos os dias, atento aos menores detalhes do seu filho. Mas esse é um pai que faz do seu filho o seu próprio gozo.

O pai real, ao contrário, introduz a diferença entre as gerações. Por isso eu disse: teu quarto é teu quarto e o meu é o meu – e fecho a porta. Eu instauro, com isso, a diferença entre as gerações. Assim, na última parte deste livro, *A feminilidade velada*, eu digo que a criança torna-se grande para deixar papai e mamãe, para fazer uma aliança conjugal com uma pessoa desconhecida. Ela só faz isso se recebeu esta lei da diferença entre as gerações e esta lei – este é o ponto capital – lhe foi transmitida por seus pais, se seus pais não foram, em primeiro lugar, pais, mas, acima de tudo, um homem e uma mulher. É por isso que, no quadro, do lado direito, embaixo, eu não coloquei pai, coloquei homem. Isso é o que é diferente do discurso oficial, que diz: sejam bons pais, voltem-se em direção aos seus filhos e seus filhos serão felizes. Mas, não, porque eles não podem deixar papai e mamãe. Eles não poderão deixá-los e tomar o risco inaudito de encontrar um desconhecido ou uma desconhecida, a não ser que seus pais não tenham sido, inicialmente, pais, mas homem e mulher na conjugalidade, duas vezes.

No primeiro tempo, uma mãe enquanto mulher, fundamento do Nome-do-Pai. Em segundo lugar, no terceiro tempo, um homem voltado para a mulher e não voltado para sua filha ou seu filho. É o inverso do discurso oficial. No discurso oficial, a parentalidade funda a conjugalidade. O que a psicanálise nos ensina é que a conjugalidade funda a parentalidade. Exatamente o inverso. Foi por isso que li, para vocês, este texto de Lacan. O pai real instaura a diferença entre gerações, isto é a função do interdito do incesto. Você não é o falo imaginário de mamãe. Por isso é que a castração é o $-\varphi$. A castração é este homem real. O real do pai é o agente da castração. É ele que instaura $-\varphi$. Isto é, volta-te para a tua própria geração, teu companheiro, tua companheira e cessa de querer dar prazer à mamãe.

Essas três dimensões foram inventadas por Lacan para definir as três dimensões da paternidade. A primeira vem de uma mulher, a segunda vem da criança – e somos, ainda, até hoje, mais ou menos crianças –, a terceira vem de um homem. Eis como Lacan salvou Freud. Ele justificou o Édipo, situando-o no meio, entre um tempo anterior e um tempo posterior.

– Vocês querem apresentar questões? Vamos fazer uma pausa. Não? Então, vamos às questões.

***: A *philia*, eu creio que essa é uma possibilidade da construção da transferência na psicose, uma das possibilidades.

P. Julien: A amizade que vem de quem: do analisando ou do analista?

***: A minha proposta é que haja uma construção desta amizade, tecida entre o analista e o analisante. O que acha disto?

P. Julien: De quem vem esta amizade? A origem é o analisando ou o analista?

***: O analista se oferece para isto.

***: Ela quer saber se o analista, numa cura, pode introduzir a amizade, por seu próprio desejo...

P. Julien: Somente para a psicose? A amizade não pode ser tudo, não pode tomar todo o lugar, pode apenas tomar uma parte da relação, porque a amizade é cega. Ser amigo é querer compreender o outro, colocar-se no lugar do outro; isto se chama empatia. Ora, Lacan acreditou que isto era bom, a compreensão pela amizade. Ele acreditou nisto antes de sua análise. Está no centro de sua tese médica. É preciso compreender o doente, é isto a amizade. Quando ele se tornou analista, disse o inverso. No Seminário 3, das psicoses, coloca-se violentamente contra esta posição. É uma bobagem tentar entender o doente. Por quê? Porque compreender é se identificar. A identificação é impossível. Você não escutará mais; se você quer se colocar no lugar do outro... Ora, o outro é outro que não você; radicalmente Outro. Então, o que conta é escutar o significante do outro; o significante surpreendente, novo. É preciso que vocês se deixem surpreender. Isto é possível se existe em vocês um lugar que não seja o lugar da amizade: uma amizade relativa, não totalizante, uma parte de amizade, somente uma parte. Isto seria o lugar do analista, este lugar que está mais além da amizade, que é o lugar do desejo – mesmo na psicose. Por isso, nesta tarde, falarei para vocês de novas definições da psicose, que não supõem, necessariamente, o delírio e que dão lugar ao analista. Em todo caso, o que é certo é que o delírio tem uma causa. Quer dizer, a gente não o compreende mas a gente pode explicá-lo. Explicar é encontrar a causa. Se vocês não se entregarem a compreender, sempre poderão explicar um delírio encontrando sua causa. Neste momento, poderão agir em função desta causa ali; isto lhes esclarece sobre o modo de intervenção, mas isto não é a amizade, não é a compreensão: é a escuta.

***: Minha questão é um pouco longa. Acho que Lacan coloca, no Seminário sobre a Ética, toda uma parte de seu livro que ele chama "O mito de Édipo, hoje", a trilogia dos Coûfontaine, de Claudel. Aí temos, dentro dos três tempos que o Sr. coloca... como poderíamos pensar a trilogia claudeliana?

P. Julien: É preciso que eu fique no Rio até amanhã, de manhã...

***: Permita-me um minutinho...

P. Julien: A trilogia de Claudel, hem? Você está apresentando o Édipo na trilogia de Claudel?

***: Estou perguntando porque Lacan chama uma parte toda do Seminário "O mito de Édipo e a trilogia de Claudel"; nós retiramos conseqüência disto e Lacan, simplesmente, nunca citou Ésquilo...

P. Julien: E, então? Ah... Lacan não comenta, mas conhece, hem? Olhe, seria preciso que eu viesse por oito dias para lhes explicar a diferença entre o mito de Édipo e a trilogia de Paul Claudel. Vou ser breve porque vocês estão cansados e vou resumir minha resposta mostrando a diferença entre a cultura da época do Sr. Sófocles e a cultura do Sr. Claudel. Não estamos na mesma ordem simbólica e é por isso que o Édipo deve ser interpretado estruturalmente; porque, para Édipo, o deus da fatalidade existe, o deus do destino que escreveu, antes, o destino; é o *factum*, a fatalidade. É por isso que Édipo, no fim da sua vida – isto está no último seminário do ano sobre a Ética –, Édipo maldiz o destino; maldição: por que o deus da fatalidade desejou minha infelicidade, inscreveu minha infelicidade? Quando matei Laio, não sabia que era meu pai; quando dormi com Jocasta, não sabia que era minha mãe e, agora, sou punido... Eu não sabia. É o destino da fatalidade, da infelicidade; estava escrito nos céus. Este é o mundo grego do paganismo. Não há psicanálise possível porque ali se está condenado a maldizer seu destino. A gente encontra isto na clínica: o ódio ao inconsciente. Não há análise possível quando encontramos o ódio ao inconsciente. É por isso que Lacan fala do rei Édipo que maldiz os céus, que maldiz os deuses.

Por que Lacan passa a Paul Claudel? Porque estamos na sociedade de Claudel, completamente diferente: a fatalidade não existe. O mundo grego foi destruído pelo judaico-cristão. Ou seja, o Édipo não existe mais à maneira dos gregos. Não posso dizer "eu não sabia que dormia com minha mãe; eu não sabia que Laio era meu pai". Lacan diz que o inconsciente é um saber e acrescenta esta terrível frase: somos sempre responsáveis por nosso inconsciente, já que o paganismo está morto. Vocês sabem disso, aqui, com os índios. Vocês introduziram a morte do destino com o cristianismo judaico: responsáveis porque nada está escrito antes nos céus. É por isso que uma psicanálise é possível, ou seja, podemos inventar um novo caminho em função do desejo do Outro; não do desejo em geral, mas do desejo de um tal Outro, tal analista, tal pai, tal mãe. Não há mais necessidade; estamos na contingência do encontro, na contingência do encontro de Signe de Coûfontaine com este padre que a empurra a trair sua promessa conjugal com seu primo, para desposar seu inimigo, o revolucionário que lutou contra sua família, a nobreza de Coûfontaine. E ali, enfim, em seu leito de morte, ela diz "não", porque não há destino; é o desejo deste padre, não é o seu desejo. E é por isso que, antes de morrer, ela pode dizer "não", enquanto Édipo não pôde dizer "não". Então, ele maldisse os céus. Mas Signe, em seu leito de morte, não maldiz os céus. Simplesmente, ao padre que está próximo de seu leito, ela diz "não".

Vejam bem, isto não é o destino; não existe mais o destino. O cristianismo judaico inventou um novo deus que não é o deus da fatalidade, que engendra uma história conosco, pela qual somos responsáveis. O Deus judaico-cristão não é um deus onipotente, como os deuses gregos, como os deuses de Édipo – e Lacan tira disso as conseqüências: a psicanálise é possível hoje em virtude desta ausência de fatalidade. Ontem pela manhã, às 9:30 h, eu lhes disse que jamais emprego o verbo ser. Ser. Ele *é* perverso, ele *é* louco. Isto é a fatalidade. Não há essência. Estamos na contingência. Estamos no advir histórico. Podemos ter uma psicose, mas isto não define nosso ser. É por isso que Lacan, cinco vezes, em cinco datas diferentes, repete a novidade da revelação de Moisés. Moisés pergunta a Deus seu nome porque pensa possuir o ser de Deus através do nome. Lacan analisa a resposta de Yavé: "Sou o que sou" (Êxodus, 3-14). "Sou o que sou, você não saberá". Não há palavra para dizer o ser de Deus. Cinco vezes Lacan retoma isto. "Eu não sou o ser supremo. Sou o que sou". Cortina. Manto.

Esta interpretação judaica, exata, correta, que a teologia sofre para admitir, por uma nova tradução, "eu sou aquele que é", é falsa. Não é isso. "Sou o que sou", isto quer dizer exatamente palavra calada e boca costurada – quer dizer, nenhuma resposta. "Sou o que sou". Nós somos dependentes desta tradição que destruiu qualquer fatalidade, ou seja, os deuses de Édipo; é isto que nos faz responsáveis por nosso inconsciente... Eu não posso dizer: "eu não sabia". Não! E é assim que a análise é possível. Lacan utiliza esta mulher moderna, Signe de Coûfontaine, que diz "não", antes de morrer. Édipo não pode. Então, ele só pode maldizer os deuses. Isto é o seminário da transferência, não o da Ética da psicanálise.

***: Chamou-se a atenção para o fato de que era curioso que Lacan tivesse chamado uma mulher para dizer "não"...

P. Julien: Ele escolheu uma mulher, com Claudel, mas poderia, também, ter escolhido um homem. O importante é que não estamos mais na mesma sociedade. Quando Lacan diz "Deus está morto", trata-se de um ateísmo moderno. É preciso dizer, muito precisamente, que Deus é este: o Deus grego, da fatalidade. Quer dizer, contrariamente a Dostoieviski, se Deus está morto, nada é permitido, ou seja, nós somos responsáveis e não podemos acusar Deus, pois este Deus da fatalidade está morto. Então, existe um ateísmo do cristianismo judaico que faz com que não possamos mais acusar o destino. Ora, a dificuldade para a psicanálise é que passemos do ateísmo ao antiteísmo; por isso Lacan disse um dia: eu poderia provar a vocês que vocês acreditam em Deus, que vocês são ainda pagãos. E ele respondia: será que Deus acredita em Deus? Não, Deus não crê em Deus. Deus não é louco. Deus não se toma por Deus. Por isso o fim da análise é a passagem ao ateísmo, porque somos antiteístas. E a análise faz passar do antiteísmo ao ateísmo. Não é a mesma coisa. Esse é um ponto capital, o comentário de Lacan sobre a frase de Nietzsche: Deus está morto. Sim... mas qual Deus? Aí está a questão. Agora, proponho uma pausa.

***: Peço-lhe que não se esqueça, à tarde, sobre a transferência na psicose. Se a psicanálise só é possível porque Deus está morto, não é onipotente, onisciente, como fica a questão da cura na psicose, na medida em que o Deus do psicótico é vivo e onipotente?

P. Julien: É uma questão bastante difícil porque, para os gregos, Deus estava vivo e os gregos não eram, por causa disto, psicóticos. Então, trata-se da psicose do homem moderno. Lacan respondeu a esta questão: será que Deus crê em Deus? Evidentemente, a resposta é não. Quer dizer que Deus não é louco na medida em que não se toma por Deus. É a resposta a Moisés. Você não terá o nome porque não sou este nome. Eu não me tomo por Deus. Há uma divisão, uma *spaltung* entre o ser e o nome. Este é o problema da psicose. Mas, justamente, porque existe no psicótico uma demanda analítica, quando um dia esta falha, esta disjunção se revela. O pré-psicótico vive sem falhas; a palavra e o ser coincidem e, um dia, surge a falha. Então, vocês estarão do lado da plenitude ou vocês permitirão ao psicótico ver esta falha, mas sem delírio, porque o delírio vem preencher a falha, tampar o furo entre o ser e o nome. Moisés não ficou louco. Ele recebeu a revelação da falha e a transmitiu, sem cair na loucura.

O último Lacan e a psicose

A partir da última pergunta que me dirigiram, parto para a última definição da psicose, no último Lacan. "Apenas um psicótico pede análise". Vocês podem admitir isto, se admitem uma última definição da psicose. Esta definição não é bem transmitida entre os lacanianos. Só um psicótico pode demandar uma análise. O que é um psicótico? Isto é Lacan dos últimos anos. Vou introduzir isto agora. Não tenho muito tempo, terei só 20 minutos.

Um dia, numa reunião da Escola Freudiana de Paris – vocês podem ver isto na *Lettres* número 23 –, Lacan nos faz esta constatação: por que pediríamos a um analista a cura de nossos sintomas? E aí Lacan faz escorregar a nominação da Estrutura para o Sintoma. Todo mundo tem sintomas na medida em que todo mundo é neurótico. Vou explicar a palavra sintoma. É por isso que a gente chama o sintoma, naquele momento, sintoma neurótico; quando ele não é neurótico, as pessoas têm a sabedoria de não vir pedir a um analista para se ocupar dele. A gente vem ver um analista quando a gente tem um sintoma que é neurótico. Mas a surpresa é a conclusão de Lacan: o que prova, mesmo assim, que franquear isso, ou seja, pedir a um analista para ajeitar isto, só faz isto quem é preciso chamar exatamente de "o psicótico". Então, o psicótico com sintoma neurótico, senão, não há demanda de análise. Vocês não pedem uma análise porque o sintoma é neurótico, mas porque é somente o sintoma que é neurótico. Lacan nomeia, no nível da estrutura, o psicótico. Somente um psicótico pode demandar uma análise. Isto caiu no lixo porque é o último Lacan, o do nó borromeano. Há uma nova definição do sintoma e uma nova definição de psicose, na medida em que só um psicótico pode demandar uma análise. Não é simples.

Quero passar ao último Lacan, ao Lacan da topologia. Em 1973, Lacan dá uma primeira definição da loucura. A loucura é: os três elos de barbante, um deles é cortado e os outros dois se desamarram, se desamarram no dia do delírio. Isto não é a neurose. A neurose é o nó olímpico, não é o borromeano: se um dos elos é cortado, os dois outros se mantêm juntos. Eles se mantêm, eles agüentam. É por isso que Lacan dizia que os neuróticos são infatigáveis, são incansáveis, eles se rigidificam. Mas, a partir de 1974, Lacan faz o seminário *RSI* e o *Sintoma*. Ele introduz uma precisão na sua primeira definição da psicose. A psicose não é simplesmente o desligamento, a desamarração, é mais amplo que isto: a psicose é uma não-nodulação a três; uma nodulação pode existir, mas não a três. É preciso um quarto elemento. Lacan faz um jogo de palavras. Emprega a palavra sintoma no sentido antipsiquiátrico. Até o século XV, na Europa, não se dizia *simptoma*, não. Até o século XV dizia-se *Sin-tema*. O que é *tema*? É o substantivo do verbo *titemi*. O que isto quer dizer? Um verbo. O que isto quer dizer, em francês? Manter junto. *Sin* é "junto". *Titemi* é manter, "manter junto". *Sintema* é um substantivo: aquilo que suporta junto, que faz manter junto. Lacan chama seu seminário *Le Sinthome*, aquilo que faz manter junto; não é o sintoma da psiquiatria. Lacan faz um retorno à etimologia grega. Toma a palavra francesa que se lia, na Europa, antes do século XV; isto por causa da topologia: aquilo que faz manter junto o Simbólico, o Real, o Imaginário. É o que chamo o quarto elemento. Coloquei três círculos como três pratos, um sobre o outro. Não estão nodulados. Esta é a primeira definição de psicose. Segunda definição da psicose: aquele que veio pedir uma análise. É uma nodulação que não é a três, mas a quatro. Pode ser que eu me engane. Vou desenhar com outra cor... Aí está. Isso fica junto, está nodulado... Isso é ter um sintoma, quer dizer, ter um quarto elemento que faz sintoma, no sentido grego; consistência, se a gente fala em latim. É a insistência em ficar junto.

Nó a quatro: 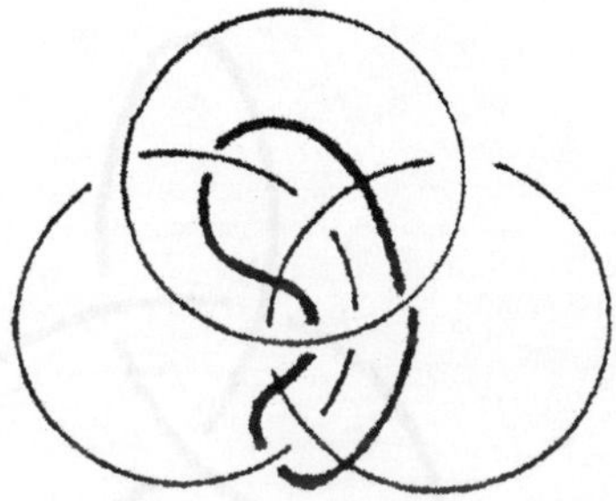

O que Lacan leu em Freud? Ele leu este sintoma que é o pai-do-nome: o pai nomeador, nomeante, aquele que nomeia: "você se chama, minha filha, tal prenome". Ele funda: é o mestre político e religioso. Ele dá o nome enquanto fundador de novas sociedades. Freud, pai da psicanálise. Ele é o pai deste nome, Psicanálise, análise da psique. Ele é o pai, pai do nome. Nos EUA, os pais fundadores são aqueles ingleses que desembarcaram a noroeste e que deram o nome de Nova Inglaterra. São os pais fundadores, que mataram os índios, que fundaram um novo país. O pai é aquele que engendra; Lacan leu isto na Bíblia: Deus apresenta a Adão as plantas, os animais, os passarinhos e Adão nomeia: uma vaca, um papagaio, uma árvore, uma macieira (causa de toda a infelicidade... de todos os nossos males... há maçãs por toda parte, até mesmo no Brasil). Adão é o pai, na medida em que dá o nome a todos estes seres que Deus criou mas não nomeou – é Adão quem nomeia. Lacan repete esta história, seguindo Freud – porque Freud foi o primeiro a dizer isto. Quando Charcot morreu, Freud escreveu um lindo artigo e utilizou este mito de Adão para mostrar como trabalhava Charcot. Diante de uma mulher, ele fazia demonstrações histéricas. Charcot fazia a nomeação, a classificação. É isto que a gente aprende na escola, a classificação. Na Escola Lacaniana é a mesma coisa: Imaginário, Simbólico e Real. Três nominações. Sem confusão. A confusão é o nó de trevo. Não há distinção, isto gira: um único fio, duas dimensões. O conhecimento paranóico é o nó de trevo. Lacan lê em Freud o pai nomeante como o pai ideal, que a menina sustenta por sua neurose histérica como Anna O. (Bertha Pappenheim*), ou Emma, ou então o pai primordial de "Totem e tabu", que a neurose obsessiva reclama e que transmite o Supereu. É por isso que Lacan diz que é enquanto o nome-do-pai é também o pai-do-nome que tudo se mantém. É isso que Lacan pode ler em Freud.

Nó de trevo

Então, uma definição de psicose: uma nodulação que não é sem sintoma. Lacan passa do *ter* ao *ser*. Esta é a subversão do Seminário do Sintoma; isto não é freudiano: ter um sintoma, o quarto elemento, quer dizer, o pai nomeante, isto que Freud viu muito bem na neurose. Lacan, agora, vai mais além de Freud porque se interessa pela psicose, quer dizer, pela demanda de análise. Ele passa

---

* Bertha Pappenheim (1860-1936); caso exposto por Joseph Breuer, nos *Estudos sobre a histeria*, como Anna O.. (NR)

do ter ao ser. Ele chama Joyce *Le Sinthome* ou o *simptôme*? Ele é o *simptôme* ou o *sinthome*, como quiserem. Se querem ir a antes do século XV, com Lacan, vocês dizem *Sinthome*, se querem ir além do século XV, vocês dizem o *Simptôme*. É parecido: na neurose temos um Sintoma, um quarto elemento, e na psicose, segundo Lacan, há uma tentativa de *ser* o Sintoma. Se isto funciona, a gente não delira; se não se consegue ser o sintoma, então é o delírio. Isto é absolutamente capital.

Esquema L:

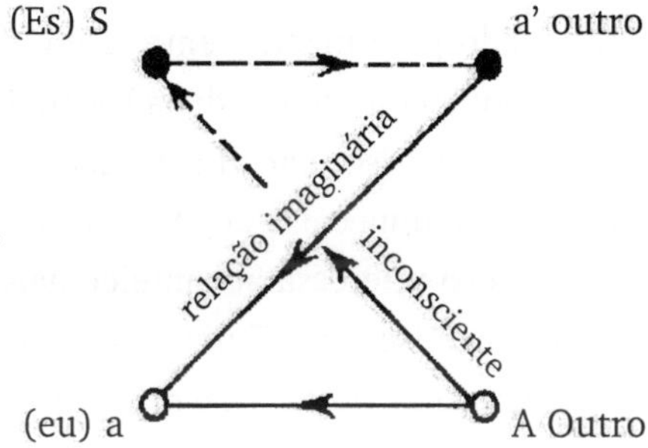

Vejam o exemplo de Lol V. Stein e Marguerite Anzieu: a relação imaginária não se mantém. (No quadro negro): eu posso puxar a relação imaginária, ela não se sustenta, ela sai. É isso que Lacan desenha no quadro. Bom, Joyce conseguiu, pela arte de escrever, ser o Sintoma, quer dizer, o quarto elemento que faz com que isso se mantenha, o Ego de Joyce, por sua arte de escrever e a sorte de encontrar um editor. Isso era mais fácil... Segundo Lacan, ele pôde "se fazer um nome" no público, publicamente. Vejam como Joyce é o sintoma. É um Ego de artista, é seu Ego de artista. É uma psicose sem delírio – uma não-nodulação a três. Para Freud, trata-se, também, de uma não-nodulação a três. O sintoma é neurótico e, no entanto, há psicose. Mas a gente *tem* o sintoma. Para Joyce, trata-se de outra coisa. Ele tentou fazer uma análise, mas isto não funcionou; ele não pôde fazer uma análise. Talvez, se tivesse encontrado Lacan, tivesse podido fazer uma análise.

Vocês têm aí uma loucura que não é a renúncia a se fazer reconhecer, quer dizer, a definição da loucura no Discurso de Roma. Vocês se lembram, no Discurso de Roma, a nova nosografia, a loucura é renunciar a se fazer reconhecer. Joyce não é isso. Ao contrário, ele passou toda a sua vida se fazendo reconhecer, quer dizer, atacando as palavras impostas, o automatismo mental, os fenômenos elementares que vinham, todas as manhãs, que se impunham a ele; ele se colocava em sua mesa e quebrava as palavras; ele as cortava, ele as mastigava, jogando com a equivocação. É um novo estilo; ele destruía as palavras inglesas e ria sozinho, em seu quarto. Ele ria destas piadas, destes jogos, que Lacan qualifica de inconcebivelmente privados. Ele ri sozinho; não é o chiste: num chiste a gente ri a dois ou entre duzentas pessoas. Joyce ri sozinho destes jogos de palavras, cortando as palavras que o atacam como se fossem metralhadoras, como balas de metralhadoras. Mas Joyce era um *borderline* e é por isso que Lacan diz que está desabonado pelo inconsciente. Ele é desabonado pelo inconsciente, ele é cortado de seu inconsciente, dizia Lacan. Ele é o Sintoma puro da escrita, em sua abstração. Por isso, Lacan acrescentava, não há nenhuma chance de vocês engancharem alguma coisa do inconsciente dele em vocês. Isso não os toca, não os afeta. Isto só interessa aos intelectuais, aos universitários, mas isto não os toca em seu inconsciente. É um jogo abstrato. Mas ele encontrou um editor... então, ganhou sua aposta. Não mais *ter*, mas *ser* o sintoma, "se fazendo um nome" no público; o sintoma que dá uma consistência borromeana a RSI, fazendo-se um nome próprio. Ele ganhou, pois, na medida em que continuamos a falar dele, entre os professores universitários que escrevem artigos, livros sobre ele. Ele ganhou. Evidentemente, isto coloca problemas num outro lugar, ou seja, na sua vida privada. Sua relação com Nora é outra coisa; não é a piada, não é jogo. Mas para ele pouco importa, o que conta é a vida pública. Bom, eu retomarei isto, daqui a pouco, às 14:00 h.

***: Sr. Julien, o Sr. disse que o quarto elo em Joyce sustentava o Édipo, relação imaginária. Na neurose, o sintoma tem a mesma função?

P. Julien: Não. O que Lacan leu em Freud é a neurose, quer dizer, *ter* o sintoma. O sintoma é o pai-do-nome, o pai nomeador, o pai ideal que a histérica sustenta, como Anna O., Dora, Emma. É o pai ideal reclamado pelo obsessivo como *urvater*, *ur*-pai, o pai primordial, é o pai que o obsessivo reclama. Lacan a isto chama sintoma: não é *ser*, mas *ter*, ter o quarto elemento. O que Lacan leu em Freud é o quarto elemento como pai-do-nome. Só que Lacan joga com as palavras e a leitura é difícil. Quer dizer, ele utiliza, ocasionalmente, a palavra nome-do-pai para dizer pai-do-nome. É o nome-do-pai como pai-do-nome. Se quiserem, existem horas e horas de debates para se ler Lacan. Por que Lacan diz nome-do-pai? O nome-do-pai, durante os anos 75-77, tem dois sentidos diferentes: o pai-do-nome, graças à mãe, ou então, é o pai nomeador. Esta é a discussão... porque há um equívoco na transcrição. Agora, previno a vocês, quando vocês lerem os Seminários a partir de 73, ao encontrar a expressão nome-do-pai, ela poderá querer dizer o nome-do-pai do qual ele havia falado nos anos 50, ou então, é o nome-do-pai como pai-do-nome, que ele acrescenta a partir de 1974. Então, cabe a vocês fazerem a escolha em função do contexto, do contexto literal. Ou um ou outro. Às vezes Lacan utiliza um para transmitir outro, mas não é a mesma função. O pai-do-nome – o pai nomeador – é o pai ideal, do qual lhes falei esta manhã, com Freud. Tornou-se o quarto elemento, este aí, em termos de *ter*: ter um quarto elemento, ter um sintoma. E aí, podemos continuar a nos divertir como doidinhos, isto é, vocês podem ler *Le Sinthome* enquanto um santo homem, o pai ideal. Vocês podem passar o dia inteiro se divertindo com isto. Vamos tentar passar para outra coisa.

Agora, a psicose, isto é, um nó que não é de três elementos, ou bem é a desnodulação ou bem, para evitar esta desnodulação, vocês *são* um sintoma. É o caso de Joyce. Ele *é*. *Ser* uma personalidade: Joyce conseguiu "fazer-se um nome" no público. Pode-se observar que, hoje em dia, muitos psicóticos não deliram porque conseguiram um êxito profissional e social; e é graças a esta compensação, a esta suplência do sintoma que não há delírio – mas o nome-do-pai está foracluído. Isto lhes explica por que a filha de Joyce era uma grande psicótica. Então, como lhes disse, ele foi bem sucedido graças a duas condições: não deixando as palavras atacarem-no como balas de metralhadora, cortando-as em pedaços, todas as manhãs, na sua mesa. Ele fazia, como ele próprio dizia, uma salada de palavras da qual ria sozinho. Mas, segunda condição, ele foi capaz de editar seus escritos para os universitários falarem dele durante três séculos. Só que o reverso da medalha é a vida privada, a vida não-pública. Eu tomo um relato da biografia de Nora, escrita por uma mulher que conheceu Nora. A autora é Madame Brenda Maddox, que em seu livro intitulado *Nora, a verdade sobre a relação entre Nora e James Joyce* – publicado em francês, em 1990, por Albin Michel, que é a editora –, nos diz, falando de Nora: "sua tragédia foi que nunca Joyce pareceu perceber que a vida familiar deles e o apetite sexual de Nora, que aliás ele admirava, eram sacrificados no altar de sua arte" (p. 475).

Psicose e delírio

A última formulação de Lacan pela topologia dos nós foi a distinção entre a psicose e o delírio. Joyce é a demonstração disso. O que eu gostaria de lhes mostrar hoje é que isso se preparava já há muito tempo, mostrar-lhes, por um exemplo ao avesso, ou seja, o fracasso em *ser* o sintoma, que é o caso de Marguerite Anzieu. Existe o delírio quando o quarto elemento não consegue se fechar. Eu quero dizer isto com o testemunho de duas mulheres: Marguerite Anzieu e Camille Claudel. Então, releio agora a história de M. Anzieu, para além do que foi dito pela manhã.

Distingo, nesta história, três tempos, para Marguerite e para Camille. Marguerite nasceu em 1892 e a primeira ocorrência importante na sua vida, em 1910, aos 18 anos, foi um grande amor por um jovem poeta de sua aldeia, um amor que durou três anos e que foi sustentado por uma longa e fiel correspondência. Mas, como vocês sabem, se leram Lacan, este amor não foi recíproco; transformou-se em ódio, graças ao encontro com uma outra mulher, em 1913, uma colega de trabalho, no departamento de correios, em que ela trabalhava. Esta moça é conhecida pelas iniciais C. de la N. Era uma mulher da nobreza. "C" é a inicial de seu primeiro nome, "de la" e segue-se o "N", inicial do sobrenome. Uma mulher da nobreza decadente.

Lacan classifica esta mulher como uma intrigante refinada. Ela é objeto de uma verdadeira adoração por parte da jovem Marguerite, na razão mesma do fracasso de seu amor. Então, elas partilham confidências sobre o antigo amor que não foi devolvido, "reciprocado" e isso dá a esta mulher uma ascendência sobre a jovem Marguerite. Se vocês quiserem, na relação imaginária, entre eu e eu-ideal, vocês têm, pelo lado do eu, Marguerite, pelo lado do eu-ideal, C. de la N., o lugar de mulher ideal. Mas eu lhes explicava ontem, pela manhã, a propósito do conhecimento paranóico, existe inclusão do outro e esta inclusão vai ter conseqüências. Este encontro durou quatro anos. Então, até 1917. Em 1917, Marguerite faz um casamento, um casamento de conformidade social – o que acontece com muita freqüência: ela se casa com René Anzieu, que é também seu colega de trabalho. E ela tem um aborto espontâneo e depois há o nascimento de um menino, que vocês conhecem bem, Didieu Anzieu, que se tornou psicanalista e membro da IPA. Este é o ano importante, 1923. Isto é capital. Então, vocês têm fenômenos elementares aparecendo: Marguerite tem um sentimento de penetração – acha que adivinham seu pensamento –, de palavras escutadas, zombarias, insultos, calúnias. Vou passar, então, ao segundo tempo.

Os fenômenos elementares são, eu já lhes disse, a perplexidade. De onde vem isto? Quem? Por quê? O que Marguerite diz a Lacan? Ela procurava, como sempre, um si mesmo... no entanto, o enigma continua... Durante o ano de 1923, no final do ano, o que acontece? Acaba de ser publicado um novo romance de Pierre Benoit, chamado *Mademoiselle de la Fierté*, um grande romance. Foi lançado em Paris, naquele ano. Marguerite bate os olhos nele, ela o lê, ela o devora e tem, então, a resposta para sua questão. Este escritor descreveu, exatamente, sua relação, entre ela mesma e C. de la N. Vocês podem pensar: isto são coisas que acontecem... Vocês podem dizer que foi uma coincidência... que haja, por acaso, uma semelhança... Mas, para Marguerite, não. Não é uma coincidência. E esta negação não é uma coincidência: é o sinal da convicção delirante. Eis que Marguerite podia, finalmente, chamar por seu nome, Pierre Benoit, aquele que se interessava pela vida privada dela a ponto de publicá-la, para dizer seu nome em público, não o nome dela, mas o dele, às expensas de mim, Marguerite. Seria então a promoção do nome próprio de Pierre Benoit. Como lhes disse ontem, ele está concernido por mim e eu não sou concernida por ele: é este o delírio. Então, a iniciativa da intrusão de certos significantes podia ser, finalmente, atribuída a um nome, no caso, o do Sr. Benoit, e recebeu uma significação, recriando uma relação entre ela e C. de la N. em proveito da notoriedade do autor.

Lacan escreve: o fenômeno dito primitivo não explica a fixação e a organização do delírio; isto não basta. Eu disse que isto não passava de um ponto de partida, báscula para o delírio, no dia em que o enigma da intrusão encontra sua resposta. Agora, eu sei, é Pierre Benoit quem me utiliza para fazer um nome para si. Isso, vejam, neste dia, adquire um caráter, como direi... iluminador e é isto que Marguerite vai confiar a Lacan. Eu a cito: "isto fez como um ricocheteio na minha imaginação". Por que isto? Bom, basta ler o romance e vocês compreenderão por quê. Marguerite pode ler o plágio, o roubo. "Ele está roubando a minha vida para fazer com ela um romance, em público".

Este livro é absolutamente fascinante. Com efeito, o romance de Benoit é a história de duas mulheres fascinadas uma pela outra, a ponto de ser um mesmo homem amado e falecido o que as une e as opõe ao mesmo tempo; foi o que aconteceu com Marguerite a propósito deste jovem poeta, onde duas mulheres falavam dele. É a mesma coisa no caso de *Mademoiselle de la Fierté*. Por exemplo, vou citar esta passagem de Pierre Benoit: "agora, chovesse ou fizesse sol, estivessem elas tristes ou alegres, quer passeassem pela margem de um lago ou através de uma floresta, tudo era pretexto para que elas evocassem o morto pelo qual estavam unidas tão solidamente como se tivessem suas mãos unidas, sentindo nas suas mãos unidas as mão frias dele". Vocês aí reconhecem o trio e Lacan fez uma observação muito boa, quando escutava Marguerite. Cito Lacan: "não podemos nos impedir de fazer a ligação da nova atitude amorosa de Marguerite com o fracasso doloroso da sua primeira aventura". E de que maneira? Vamos ver. *Mademoiselle de la Fierté* é, como C. de la N., uma mulher da nobreza decadente; seu pai, um nobre, Michel de la Fierté, dilapidou a herança e ela está em posição de rivalidade com uma outra mulher que acaba de perder Jacques, seu marido, que vem a ser o homem de quem Anne (*Mademoiselle de la Fierté*) tinha sido noiva. Esta, com uma calma aparência de bondade e de devotamento a uma doente, mostra-se de uma curiosidade intrusiva, suscitando lembranças a respeito daquele homem amado e perdido. Isso não lembra a vocês C. de la N., suscitando em Marguerite as lembranças de um homem amado e perdido? Em nome do amor de uma doente, de alguém que sofre, mas não há raiva nesta intrusão? Vou citar Pierre Benoit: "Assim, para elas sucediam-se as noites entrecortadas por alternativas hostis e ternas; a aurora chuvosa vinha encontrar as duas ainda falando de seu passado, evocando este passado carnal que as opunha, unindo-as". Pela anexação à vida da outra, Anne de la Fierté vai se revelando aos poucos de um ódio e uma frieza assustadores até, afinal, a morte de sua querida inimiga. Assim, Anne desespera a moribunda com suas confidências a respeito de Jacques. Cito Benoit: "até que finalmente se desfizer, reduzida à mercê, no meio de seus travesseiros desarrumados, a senhora escutava com avidez as confidências monstruosas saídas daquela sombria imaginação de virgem". Em momentos de sobressalto, a Sra. poderia afirmar seu eu como sendo o lugar de eleição; ela foi a escolhida, diante da intrusiva. É Anne e é C. de la N.. Jacques teria sido seu marido já que foram noivos, não é verdade? Ela conservava disto algumas lembranças que lhe permitiriam, se ela quisesse se dar a este trabalho, fazer estremecer de ciúmes sua impiedosa parceira. Ela só teria que ter falado, dizer, só teria que ter falado da evocação destes detalhes, rejeitando em seguida – e aí vêm dois adjetivos –, pasma e delirante, sua camada de dor.

Isto teria feito uma iluminação na cabeça de Marguerite. Foi isso que vivi com C. de la N.; agora, tenho certeza. Lacan fica muito intrigado com esta leitura do romance, na medida em que, em 1923, há o desencadeamento do delírio. Ele se interroga: a data do aparecimento do perseguidor masculino, no delírio, permanece um problema; o que é certo é que Marguerite lia em Melun (sua cidade) – e é isto que ela dizia a Lacan: o que se pode fazer em Melun, sua cidade, a não ser ler? Justamente naquele ano, sai aquele romance, onde ela reconhece sua própria vida. Mas delirar é mais do que isso; é ver nisso não um acaso, mas uma intenção de Pierre Benoit, intenção endereçada a ela. E é por isso mesmo que o delírio vai se formar ao final de 1923, a ponto de sua família hospitalizá-la, no Hospital de Épinay-sur-Seine, em outubro de 1924. Ela vai sair deste hospital alguns meses depois, em março de 1925, mas ela não está curada de seu delírio. Mas agora está decidida a agir; ela vai agir. Ela sai de sua pequena cidade, abandona seu marido e seu filho e vai viver em Paris.

Este é o terceiro tempo, tempo de passagem ao ato. Clérambault mostrou muito bem, a respeito das psicoses passionais, que a erotomania pode virar para o lado da perseguição. Pierre Benoit se interessa por mim, se interessa pela minha vida, conhece detalhes de minha vida. Essa erotomania vai se transformar num delírio de perseguição. Ele está roubando minha vida, ele quer matar meu filho, ele me vigia por intermédio das mulheres. Isso é o delírio. E a passagem ao terceiro tempo é a passagem ao delírio por um ato que é necessário, dado o conteúdo do delírio. É por isso que ela se sente compelida a fazer alguma coisa; ela tem a missão de denunciar o mal, é o que ela diz a Lacan, o mal de que se fazem cúmplices artistas, poetas e jornalistas; denunciar, portanto, no público. É preciso denunciar o mal de que são cúmplices estas pessoas, para obrigar as autoridades a remediar a situação – as autoridades jurídicas e políticas. Vocês vêem isto com muita freqüência na psicose: o apelo à Lei. É um dever, é uma missão. Mas por que ato?

Aimée não hesita: ela o fará pela publicação. Em Paris, ela escreve um romance magnífico, *Os detratores*, e vai procurar o editor Flammarion. Mas o que acontece? Recusam o seu manuscrito. A conversa com Flammarion é um drama. Ela vai renunciar a sua missão? Será que ela vai renunciar a *ser* um sintoma? James Joyce encontrou um editor. Sim. Mas... e ela? Como *ser* um sintoma, se Flammarion se recusa? Vocês sabem que Marguerite já não tem nome, primeiro nome... é um falso nome; é um nome que a mãe lhe deu de empréstimo. Madame Pantaine, a mãe, perdeu sua filha mais velha, com quatro anos e meio; ela morreu queimada viva. Estava sozinha, na sala maior da casa, e como antigamente, nas pequenas cidades, não havia aquecimento central, havia uma grande estufa, com carvão e madeira; naquele dia estavam saindo chamas da estufa e a pequena Marguerite aproximou-se da estufa, seu vestido pegou fogo e ela queimou por inteiro. Quando a mãe voltou, encontrou sua filha morta, aos quatro anos e meio. Ela fica grávida novamente, tem dois abortos e finalmente uma filha. E qual é o nome que ela lhe dá? O nome da morta, Marguerite. Isso é de importância capital. Isto aconteceu com um pintor belga, Vincent Van Gogh, e foi por isso que ele se suicidou. Ele não tinha o direito de viver: suicidou-se no dia em que não foi mais ajudado por seu irmão a fazer as exposições de suas obras, ou seja, no momento em que não podia mais *ser* o sintoma. Então, ele só podia morrer. Marguerite, não! Ela tenta publicar o seu romance e há um fracasso. Então, ela vai encontrar um outro ato, atacando uma mulher em público, uma mulher que não foi recusada por Pierre Benoit, a grande artista Huguette ex-Duflos, uma atriz que desempenhou o papel principal em um filme baseado numa grande peça de teatro, de autoria de Pierre Benoit, chamada *Koenigsmark*. Fala-se de Huguette por toda parte; nos jornais, citam-na muito porque é uma mulher que conseguiu um grande sucesso como atriz; é uma estrela, uma vedete e, vejam vocês, que injustiça... Pierre Benoit fez um nome às minhas expensas, mas lançou ao estrelato outra mulher, no público. Então, ela tenta comprar um fuzil de caça, mas é muito difícil, principalmente quando se é uma mulher em 1931. Então, ela acaba por encontrar um facão de caça e, quando Huguette está chegando ao teatro e empurra a porta para ir se trocar no camarim, Marguerite chega e a segura, dando-lhe uma facada no ombro. Ela esperava matá-la, mas não conseguiu; apenas a feriu. Mas ela ganhou porque, no dia seguinte, em todos os jornais parisienses, via-se na primeira página Marguerite Anzieu. Tornou-se uma mulher pública: só se falava dela. Ela queria matar Huguette, apenas a feriu, e os jornalistas escrevem... Não havia tevê, em 1931, mas, se houvesse, todas as tevês teriam mostrado, noticiado no dia seguinte. Então, ela ganhou; fala-se dela em público.

Sobre este caso, dirá Lacan, em 1975, na Universidade: esta pessoa tinha seu nome nos jornais, em seguida a um gesto que ela havia cometido contra uma atriz, então, célebre. Ela *é* um sintoma, fala-se dela publicamente. Então, três semanas depois, o delírio desaparece, cai. Vinte dias depois, diz Lacan. Definitivamente. Sim, porque ela ganhou, tornou-se uma personalidade. E Lacan vai publicar a sua história, na casa de edição Le François (1932), confirmando este ato. Aquilo que Flammarion lhe recusara sob o nome de Marguerite, Lacan vai realizar sob o nome de Aimée. É por isso que lhes digo: a desqualificação da vida privada, tão impressionante nos psicóticos, não é um déficit, mas um apelo a uma inserção social bem sucedida, onde o nome próprio jamais seja reduzido a um nome comum. Quer dizer, eu vou tomar o jogo de palavras feito por Lacan: público, sim; *pubelle* [lata de lixo], publixo, não. O nome jogado no lixo, não. O nome público, sim. Para Marguerite, ter um nome público, sim; mas não para que seja reduzido a um nome comum, isto é, jogado no lixo. Vejam, isto é um paradoxo.

Isto é Freud. Vocês têm aí, então, um caso muito bonito de fracasso, de um fracasso devido a um editor, Flammarion; fracasso que se transformará num êxito de tal sorte que o delírio irá desaparecer, definitivamente.

Vou lhes dar agora, antes de abrir para perguntas, um segundo exemplo, o exemplo de Camille Claudel. Camille Claudel, fez-se silêncio sobre ela durante muito tempo, como se faz com muitas coisas, na França. Foi preciso esperar 50 anos. Agora, os arquivos começam a ser abertos; os descendentes da família Claudel aceitam mostrar os documentos que estavam escondidos no fundo das gavetas. Então, podemos começar a relatar a história de Camille.

Como vocês sabem, o primeiro evento foi a morte prematura também de um irmão mais velho, Charles-Henri Claudel, em 16/08/1863. Charles-Henri era o filho mais velho que morre 15 dias após ter nascido*. A Sra. Claudel vai pôr luto por este filho pelo resto da vida: ela se vestirá de preto até morrer. Mais ainda, o pequeno Paul Claudel, que vai nascer mais tarde, vai fazer, um dia, a seguinte confidência: nossa mãe não nos beijava nunca. Para ela, não havia ninguém que contasse, que substituísse Charles-Henri. Os outros – ela teve outros três filhos –, ela não os abraça nem os beija. A segunda infelicidade desta mulher será, no ano seguinte, em 8 de dezembro de 1864, o nascimento de uma filha. É a catástrofe porque o que ela queria, evidentemente, era um menino, a todo preço. Ela dá a esta menina um nome equívoco: Camille. Camille pode ser um nome masculino ou feminino, em francês. A terceira infelicidade é que ela vai ficar grávida e é mais uma outra menina, Louise. Enfim, na quarta gravidez, ela vai ter um menino, aquele que vocês conhecem, o pequeno Paul.

Ora, Camille é uma menina bem dotada. Aos doze anos, começou a fazer esculturas com argila; ela tem um encontro decisivo com um escultor, Alfred Boucher, que iria iniciá-la na escultura. É o homem que reconhece o dom de Camille. Este encontro vai acontecer na cidadezinha onde o pai trabalha, Nogent,

* Charles-Henri Claudel nasceu a 1º de agosto de 1863. (NR)

onde o pai trabalha como funcionário. O problema é que, um dia, este funcionário é nomeado para outro lugar, ele é transferido para uma outra cidadezinha, Wassy. O que vai acontecer com Camille? Ela vai perder Alfred Boucher. Paul Claudel dirá mais tarde: este foi o cataclismo. Essa é a palavra de Paul. Camille considera que tem uma vocação para artista. Mas vão se mudar para Wassy, onde o pai trabalha, e por isso ela perde Alfred Boucher. Isto é um conflito. Será que ela vai viver com o pai, ou seria permitido a Camille continuar a fazer escultura? Camille vai ganhar. Monsieur Claudel acaba indo morar sozinho em Wassy, esta pequena cidade, longe de Paris; a mãe vai partir com seus três filhos, Camille, Louise, Paul, para Paris, para que Camille possa trabalhar num ateliê de escultura, o famoso ateliê Colarossi [Rue Notre-Dame-des-Champs]. Ela obtém esta decisão em 1881, quando tem dezessete anos. Então, ela começou aos doze anos, em Nogent, e aos dezessete anos parte, com sua mãe, para Paris, deixando o pai. É isso que Paul Claudel vai chamar, mais tarde, de cataclismo. Cataclismo para ele também porque foi separado de seu pai – e Paul era ligado ao pai; porque, quando a gente vive com uma mãe que não nos abraça nunca e que está sempre vestida de preto porque só foi capaz de amar Charles-Henri, seria bom ter o papai perto da gente.

Eu retomo, aqui, o mesmo movimento que aquele que ocorre com Marguerite, a mesma lógica em três tempos. Dois anos depois, então, 1883, há o grande encontro daquilo que Lacan chamaria de um Pai Real, o escultor Auguste Rodin. Quero que vocês observem que este homem tem exatamente a mesma idade que a Sra. Claudel, 43 anos. Camille, 19 anos. Isso em 1883; o encontro de um Pai Real. Em seguida a este encontro, Camille vai deixar o ateliê Colarossi para ir trabalhar no ateliê de Rodin. Primeiro fenômeno: intrusão do outro. Vocês sabem disso, é o quinto traço do conhecimento paranóico, a inclusão do outro. Haverá exclusão recíproca? Eu coloco esta questão para vocês. Vamos ver. Seja como for, há intrusão do outro: Auguste põe Camille à parte, à parte de todos os seus outros alunos; ela é privilegiada, é ela quem, dentre todos os seus alunos, ele abraça, a única a quem confia os cuidados de modelar os dedos das mãos e os dedos dos pés de suas próprias estátuas. Insisto: de suas próprias estátuas, dele. Assim, quando os *experts* vêem uma estátua de Rodin, ainda hoje, colocam-se a questão: as mãos e os pés das estátuas são realmente de Rodin? Duvidam, hesitam. Seja como for, é Rodin quem assina, com seu nome, mesmo que tenha sido Camille a fazer as mãos e os pés. Então, é o mestre, é o chefe. Sistematicamente, é ele quem assina com seu próprio nome.

Então, uma segunda questão vai se colocar, similar à primeira: a questão do trio. Com efeito, Rodin tem uma esposa. Não é casado com ela e só vai se casar com ela em seu leito de morte. Isso é útil para a herança, para o dinheiro, dada a lei francesa. Digo-lhes que era uma obrigação financeira; então, ele só faz isto em seu leito de morte. Ele não está casado com ela, no entanto, vive com ela em Bologne, perto de Paris – vocês conhecem o Bois de Bologne, tão belo –, numa pequena casa. Ela se chama Rose Beuret, tem quatro anos a menos que ele – vocês vêem a diferença de idade com Camille; ele tem muitas ligações femininas, mas volta regularmente para Rose e ela sempre se mostra feliz em acolhê-lo, mesmo que tenha esperado muito tempo. Ela é um conforto, faz uma boa sopa e está sempre sorridente. Ah! Rose... O erótico fica nas ligações passageiras com belas parisienses, mas o amor de estima e amizade...

Físico	Extático
Philia	Eros
Amor de amizade	Amor de desejo
Saber de meu bem	Não-saber de meu bem
O amor do outro é a *razão* do amor de si	O amor do outro é sem razão
Sabedoria, medida	Loucura, violência
Unidade do amado e do amante pela identificação	Dualidade e desigualdade
A unicidade do gozo do amado e do amante faz relação entre eles	O absoluto do gozo do outro não faz relação entre o amante e o amado

Vocês sabem, eu coloquei no quadro, na coluna da esquerda, da *philia*; a *philia* é Rose, amor de amizade, não é erotismo, mas é o conforto. Então, isto vai, vai continuando. Camille fica cheia disto, tem ciúmes. Por que o ciúme? Porque, alguns anos após o primeiro encontro, em 1883 – os historiadores hesitam... três ou cinco anos após –, eis que Rodin toma a iniciativa de alugar em Paris, no Boulevard d'Italie, num magnífico parque que se chama Clos-Payene – que não existe mais hoje, foi destruído, mas era magnífico –, uma bela casa do século XVIII, que se chamava Folie Neubourg. E é ali que ele encontra Camille em segredo; ele a faz sua amante. Num dia, ela vai engravidar dele e deverá abortar. Vocês sabem, naquela época o aborto era proibido. Camille, sempre escondida por Auguste Rodin, vai passar algumas semanas no campo, em Tourraine, e lá ela se encontra com uma mulher que faz abortos – chamava-se a estas mulheres fazedoras de anjos, os pequenos anjos que vão direto para o céu. Paul Claudel irá contar esta história a sua amiga Marie Romain-Rolland para condenar sua irmã, pois, para ele, isto era um pecado grave. Ele vai condená-la, assim, como uma mulher de má vida. Esta será a confidência de um velho à Senhora Romain-Rolland.

Então, vão ser duas reivindicações para sair do anonimato: em primeiro lugar, ser mulher de Rodin publicamente e sair do segredo. Auguste Rodin me esconde e, no entanto, sou sua amante. Segunda reivindicação: ter suas próprias exposições de suas próprias obras, sob seu próprio nome, Camille Claudel. Assim nasce, neste primeiro tempo, aquilo que chamo os fenômenos elementares, os significantes que constituem enigma: o que ele quer, então, para me esconder assim? Por que esta intrusão na minha vida? E não há resposta. Camille tenta uma ruptura, com Rodin, em 1892, ou seja, nove anos depois. Ela arranja um ateliê para si, no Boulevard d'Italie. Ela tem um certo êxito social, é verdade, começa a sair do anonimato. Entretanto, não se trata de uma ruptura total com Rodin. Eles se encontram pouco mas se escrevem muito, com muita freqüência.

Agora, como, para estes enigmas, encontrar uma resposta? É aí, vamos ver, que vai intervir a noção de ato, no acontecimento que vai determinar a vida de Camille, acontecimento que vai unir seu amor e sua arte: sua arte como exposição pública do seu amor, como uma passagem do privado ao público, sob seu próprio nome de Camille Claudel. Vocês talvez tenham visto este bonito filme de Bruno Nuytten, onde Isabelle Adjani faz o papel de Camille; ele, no filme, observou muito bem o acontecimento decisivo. Este acontecimento vem a ser um projeto de escultura que foi aceito pelo diretor das Belas Artes e assinado em 1895. Camille aguarda, vai fazendo suas esculturas em gesso; até o ano de 1898, ela não foi paga; será paga, enfim, no dia 5 de janeiro de 1899. Enfim, sai a assinatura do diretor, ela pode ser paga. Camille põe-se a trabalhar, passa da modelagem em gesso para o mármore e, chegando o dia 16 de junho, a parte do mármore está terminada. 16 de junho de 1899. Ora, o que acontece? No dia 24 de junho, o diretor suspende brutalmente a encomenda, sem explicação. O que se passou entre os dias 16 e 24? Simplesmente, a passagem do privado para o público causou a intervenção de Rodin, que falou com o diretor das Belas

Artes para que a encomenda fosse suspensa. Auguste Rodin é um homem bem relacionado, influente e o diretor das Belas Artes vai rasgar o papel da encomenda. Por quê? Porque Camille mostrava esta estátua que se chama "A idade madura" ou "O caminho da vida" e isso era insuportável para Auguste Rodin: no centro, um homem da idade de Rodin que, com seu braço direito, apóia-se sobre uma mulher de sua idade, que é o seu suporte. Eu já tinha lhes dito, ela é o seu conforto, a boa sopa... À sua esquerda, uma jovem mulher ajoelhada que, com o rosto voltado para ele, tenta em vão atraí-lo. Vejam que o rosto do homem está voltado para a mulher mais velha. É um escândalo, é uma indiscrição: o que está escondido deve continuar escondido e não pode passar para o público. É por isso que Rodin se recusa e é ele quem tem poder. Então, ele ganhou: influenciou o diretor. Para Camille, é o fracasso, o fracasso da exposição do seu amor aos olhos do público, do drama do seu amor, uma mulher de joelhos para quem o homem sequer olha; ele sequer olha para a sua súplica, ele está longe. Ele está entre duas mulheres; não consegue escolher. Será que isto não os faz pensar em Marguerite no dia em que o editor da Editora Flammarion lhe devolve o manuscrito de seu romance "Sra., aí está a porta, pode ir embora"? Vejam, o fracasso em *ser* o sintoma.

Então, vamos passar ao segundo tempo. O ato fracassou e é por isso que algumas semanas depois o delírio se desencadeia. Já que o ato da obra de arte posta em público não pode dar uma resposta ao fenômeno elementar, será preciso então encontrar uma outra resposta...

O importante é o *me* plagiam. Cada vez que faço uma estátua, eles a abolem ou então a copiam. Vejam, eu falei, há pouco, de Pierre Benoit, do plágio de Pierre Benoit. Aqui, neste caso, vocês têm outro plágio, dos companheiros de Rodin que ou roubam ou copiam as estátuas dela – e eles têm êxito sob um outro nome, que não é o meu. Eis o delírio. No entanto, existem pessoas que vêm procurá-la para lhe propor exposições. Só que, o que dizem os críticos? Ela lê exclusivamente os críticos que dizem: essa é uma caricatura do gênio de Rodin. Alguns críticos escrevem isso e é só isso que Camille guarda. Está bom, não está mal, mas é uma caricatura. Agora, quem é que imita o outro? Será Rodin quem imita Camille ou será Camille quem imita Rodin? O delírio faz resposta. É ele quem me imita. Eu chamei a isto, ontem pela manhã, intrusão do outro. Eis a resposta de Camille: eles roubam minhas idéias, eles roubam minha obra. Em outras palavras, quando ela tem um sucesso de ordem social, através de uma exposição, ela não pode atribuir este sucesso a ela mesma. Doravante, ela vai, portanto, recusar todas as ofertas de exposição que lhe são feitas pelos amigos, ela recusa tudo e escreve. Vou citar Camille: "eu serei perseguida por toda a minha vida pela vingança deste monstro, o perseguidor Auguste Rodin".

Vingança por quê? Porque eu queria expor "A idade madura"? Então, o delírio se sistematiza de duas maneiras: roubo de estátuas, no seu ateliê, e, em segundo lugar, envenenamento. Rodin faz crer a toda Paris que ela lhe deve tudo. Ele espalha em Paris que ela lhe deve tudo. Isto é o que ela pensa: que Rodin conta para a cidade inteira que Camille deve tudo a ele. É por isso que, quando alguém se interessa e vem procurá-la em seu ateliê, ela fica espantada, porque ninguém se interessa por ela; não há nem dois nem três, mas apenas um, Rodin, para plagiá-la. Este é o segundo tempo do delírio.

Agora, como foi o caso com Marguerite, vamos passar ao terceiro tempo; é este que vai determinar o resto da sua vida. Terceiro tempo, a partir de 1906. Camille vive só, em seu ateliê, e todo mês de junho, antes de sair de férias, destrói sistematicamente suas estátuas com uma grande marreta... todas estas obras que ela recusa mostrar. Ela destrói tudo, todos os anos. Ela transforma seu ateliê numa fortaleza: fecha as janelas, as portas, proíbe a entrada de todos. Esta é a resposta ao primeiro delírio; a resposta ao segundo delírio, que seria o de envenenamento, é que ela pára de comer. Só se alimenta de ovos cozidos, que são protegidos pela casca, metáfora desta fortaleza que ela constituiu para se proteger, proteger seu ateliê e sua vida. Ela vive então numa miséria negra. Tem apenas o suporte financeiro que lhe é dado por seu pai, que paga, todos os meses, o aluguel de seu ateliê, o que lhe permite continuar assim até 1913, quando o pai morre (em 3 de março de 1913). Então, a Sra. Claudel está livre para intervir, para fazer a internação de sua filha num hospital. Por intermédio de dois médicos, ela faz com seja encerrada, internada, alguns dias depois, no dia 10 de março, no Hospital de Ville-Evras, que é perto de Avignon, no sudoeste. Mais ainda, ela obtém do diretor do hospital que proíbam todas as visitas e que seja proibido a ela receber qualquer correspondência pelo correio. Em outras palavras, esta mulher foi completamente rejeitada por sua mãe, dias após a morte de seu pai. Em outras palavras, porque o ato de exposição de "A idade madura" não foi possível, é necessário, agora, um outro ato, este possível. A intenção é que o público saiba da injustiça da qual ela foi vítima. Esta é a fórmula: eu mesma faço a justiça, ali onde a lei falha. Esta é a fórmula da passagem ao ato.

Vejam, então, que vimos duas vezes, com Marguerite e com Camille, uma tentativa de ato antes do delírio, para dar uma resposta à intrusão do outro.

Intrusão de Pierre Benoit, intrusão de Auguste Rodin. Então, tentativas de ato através da arte, pelo romance, com Marguerite, pela escultura, com Camille, na medida em que a arte é uma maneira privilegiada de "se fazer um nome" no público. Vejam, então, uma passagem ao público daria uma resposta à intrusão do outro, mas, a cada vez, para estas duas mulheres, há um fracasso. Isso é o que é muito importante. Eu distingui para vocês duas espécies de ato: o ato de publicar uma obra de arte e um outro ato, que vem no lugar do fracasso, um ato de destruição. Matar Huguette Duflos, destruir as estátuas, todo mês de junho. É isto que é muito importante, nestes dois casos: o fracasso do ato de "fazer-se um nome", isto é, aquilo que Lacan chama de *ser*, tem por conseqüência um delírio de erotomania que se inverte num delírio persecutório. É por isso que o delírio em Marguerite vai cessar no dia em que os jornalistas publicam seu nome nos jornais. Em contrapartida, o delírio continuará para Camille, no Hospital, ali onde o diretor lhe oferece argila para fazer as estátuas. Ela recusa porque diz: "se eu começar a fazer estátuas aqui, vão roubar". Então, reparem que a passagem ao ato para ela é a retirada de toda a publicidade possível. Já que eu fracassei com o diretor das Belas Artes, então, não tenho como continuar. Então, ela faz estátuas em seu ateliê, ela as destrói sistematicamente e, no Hospital, se recusa a fazer modelagem ou trabalhar a argila.

***: Esta é a mesma questão que está em jogo numa pergunta feita na quarta-feira: se é o mesmo estilo, se se trata deste resto narcísico (ele diz que não, não é?), como é que fica esta questão? Acho outra coisa, acho que vai ser um estilo muito singular de abordar o real e o masoquismo. Não sei, deixa ele responder.

P. Julien: Vou tentar responder as questões que me são colocadas fazendo apelo ao Seminário do *Sintoma*, onde Lacan distingue o dizer verdadeiro e o Real. O dizer verdadeiro é o semidizer, é da ordem da fala, da fala do analisando, seguindo a regra fundamental de falar. A verdade fala mas ela se semidiz; ela não se diz toda, não-toda. Sendo dado isto, é a análise sem fim. Então, é preciso passar, graças ao analista, da verdade ao saber. Vocês leram *O avesso da psicanálise*: S_2, o saber na posição da verdade; essa é a relação analítica, o saber em posição de verdade, a verdade que fala; há que conquistar um saber, no curso da análise. Lacan faz uma diferença entre o dizer verdadeiro e o Real, porque o Real não é o dizer verdadeiro: o Real é da ordem do saber; o que uma análise traz, se há verdadeiramente análise, quer dizer, alguma coisa que não é da ordem da fala, mas do escrito.

Então, aí vocês têm uma distinção: fala, verdade, de um lado; escrito, saber, de outro; o que está à esquerda é da ordem do próprio, como o inconsciente, particular: tal sujeito, com sua própria história, seu papai, sua mãe, seu passado. O saber que a gente adquire, ao longo da análise, eu semi-escrevo, porque não é a mesma coisa; se a fala é particular de uma tal história, segundo tal nome próprio, tal história própria, a minha que não é aquela do outro, a passagem ao escrito é a passagem àquilo que pode ser partilhado, àquilo que pode circular entre nós, ao que é comum. A psicanálise é a passagem de um a outro, da esquerda à direita. É por isso que o fim da análise pode desembocar num outro lugar da psicanálise: a psicanálise em sua presença social no mundo, aquilo que Lacan chama a psicanálise em extensão.

Isto é um outro estilo; não é mais a relação analista/analisando; é um saber compartilhado. Por exemplo, numa Escola, pelo escrito, que a fala esteja a serviço do escrito. É isto que faço diante de vocês: minha fala não é senão uma leitura do escrito de Lacan ou a leitura da minha clínica, alguma coisa de comum que circula e que se compartilha. O problema que vocês colocaram é o problema da relação entre os dois lugares da psicanálise – o consultório e a psicanálise em extensão: o que a gente ensina, o que se compartilha numa escola, o psicanalista na cidade. Esse problema da passagem de um a outro é o do fim da análise; um fim de uma análise didática. O analisando nesse fim franqueia um limite e chega a dois lugares da psicanálise: na sua poltrona, no seu consultório, onde ocupa o lugar de analista, e, numa segunda passagem, a psicanálise na sua apresentação pública: a doutrina, a instituição analítica, a sociedade civil.

Eu lhes falei da psicose como um problema de relação entre o próprio e o comum. O Sintoma tem função de suplência e de compensação, porque o nó borromeano a três não se mantém; então, o quarto elemento faz compensação pelo nome público, o nome de Marguerite, de Camille, de Joyce. Será a mesma coisa, ao fim de uma análise didática? Vocês entram na psicanálise em extensão, a sua doutrina, uma escola, sua presença na sociedade; será que isto é para se fazer um nome próprio no público? Então, vocês utilizam a psicanálise em extensão como suplência para evitar o delírio.

Um dia, Lacan dizia na Escola Freudiana: o fim de uma análise didática não é "se fazer um nome"; mas a Escola Freudiana se tornou qualquer coisa de comparável a uma agência de publicidade. "Se fazer um nome" tomando a palavra nos Congressos, nos Colóquios, escrevendo nas revistas, proclamando sua pertinência à Escola Freudiana como uma bandeira... Isto se tornou pouco a pouco, nos últimos anos, esta função de ser o sintoma como função de suplência, como quarto elemento para nodular o nó borromeano. Foi por isso que Lacan decidiu dissolvê-la. Esse é o drama do movimento psicanalítico. Será que o fim da análise é a perda do próprio, para o comum, para passar ao escrito, ao saber? Ou é, ao contrário, a promoção do próprio, como para Joyce? Nos primeiros anos de uma Escola, sim, é a passagem do próprio ao comum, depois de oito, nove anos, isso se torna o contrário.

Você me pediu mais: você me pediu, a respeito desta passagem, articular o termo "masoquismo". A verdade fala pela palavra; é o que Lacan chama o Simbólico, enquanto o escrito; o saber é o Real. E o saber sobre o Real é o fim da análise, pois a fala não basta. Então, você me falou, de repente, do masoquismo, isto é, esta posição perversa de se consagrar ao gozo do Outro. Bem, justamente, o fim da análise, como o encontro do Real, é que não há relação sexual, isto é, que entre o homem e a mulher não há gozo unificante. O gozo que um tem do corpo do outro não é o gozo que o outro tem do corpo do um: a dualidade dos dois gozos permanece. Evidentemente, nos poucos momentos do orgasmo pode-se pensar que há unidade de um só gozo, mas, como diz Lacan, isto não passa de pontual, breve: a dualidade resta. Por isso intitulei meu livro *O estranho gozo do próximo*: a estranheza, a alteridade permanece. Lacan chama a isso "o Real": não há relação sexual; não há relação homem/mulher – e isto é o fracasso do masoquismo porque no masoquismo não procuro o meu gozo, mas o gozo do outro, porque creio que é possível. Ora, o Real é o impossível. Há um não-saber do gozo do Outro. Aí, o Real: o impossível de saber do gozo do Outro. Então, o problema é: ou fujo, esperando que com o outro, com uma outra mulher, será diferente, ou então eu continuo e vivo a relação na diferença. Está aí o encontro do Real: não é a fuga, mas o reconhecimento do impossível de saber. Esta é a conquista da análise.

Você me falou do masoquismo. Freud apresentou isso muito bem em "Bate-se numa criança". Trata-se ali do gozo do pai; a análise nos ensina que não há saber do gozo do pai. Isto é fazer limite ao masoquismo, isto é a diferença entre prazer e gozo. O prazer é a evitação do desprazer: não vamos comer demais para não ter dor de barriga. Não vamos correr muito para não ficarmos cansados. O prazer é a medida para evitar o sofrimento. Com o gozo, não estou ligando para o desprazer. Mas qual gozo? É por isso que Lacan, a partir de 69, 70, mostrou o fracasso da relação sexual, instaurando dois tipos de gozo: o gozo sexual, de que podemos saber, e um gozo outro que não sexual, outro que não fálico, do qual não se sabe nada, fora do Simbólico. Na relação do Simbólico com o real, vocês têm, nesta junção aí, graças ao Simbólico, um saber do Real. Isto é o gozo fálico. Mas fora do Simbólico, na junção entre Imaginário e Real, temos o gozo do Outro, de que ninguém sabe absolutamente nada. É um outro gozo que não o fálico.

Esse é um ponto que aprecio muito em Lacan: é que há duas espécies de gozo e Lacan engendrou uma nova lógica, contra a lógica clássica que recebemos de Aristóteles, a lógica da sexuação. O Real com sua relação ao corpo – o corpo é a imagem –, ali é o encontro, um não-saber radical, que concerne a um gozo não-fálico, não-sexual; Lacan faz dele um matema, escrevendo as fórmulas da sexuação. A primeira fórmula concerne ao gozo fálico e ali vocês se atêm a um saber universal. Para o Outro gozo, não há saber universal; não há tudo, a barra sobre o A, de A (barrado) Mulher. A Mulher não existe; se A Mulher existisse, então haveria relação entre o homem e a mulher, como dois universais, é a lógica tradicional. Mas A Mulher não existe. Há uma, uma, uma... É um Outro gozo que não fálico, concernente não à mãe, mas a *uma* mulher. E Lacan dá quatro exemplos: dois homens e duas mulheres, porque este gozo que não-fálico não é reservado às mulheres. Ele dá, primeiramente, dois nomes de mulheres, Hadewÿch d'Anvers e Teresa d'Avila, depois o nome de dois homens: João da Cruz e Jacques Lacan. Não é porque este gozo seja não-fálico que os homens não possam encontrá-lo; isto é de tal forma surpreendente que os lacanianos falam muito pouco disto. Mas, vocês vão me dizer, você esqueceu algo: e a terceira junção entre o Simbólico e Imaginário? Nós conhecemos isto, isto dá o sentido. Não é o Lacan lógico, é o Lacan da lingüística: mais sentido com a metáfora, menos sentido com a metonímia. Isso não é novo. O que é muito interessante é que, após os anos 50, Lacan passa ao Real. Isso é o fim da análise, é a passagem ao Real. Acabou esta história de querer dar sentido para a nossa vida: vamos passar a outra coisa, ao que é da ordem do gozo. Se vocês quiserem encontrar sentido em tudo, vocês não encontrarão jamais o gozo; somente os pequenos prazeres, bem comedidos, bem espertos. Mas não é essa a finalidade da análise.

***: Não é exatamente uma questão. Quero levantar um ponto que acho importante, porque havíamos conversado antes da minha apresentação e da sua apresentação: eu não compartilho com o diagnóstico que você levantou para Camille Claudel. Você fez a sua exposição em que sustenta os elementos que fazem pensar em uma psicose, que tive o privilégio de escutar e entender porque entendo sua língua. Mas você disse ao final de minha exposição que, embora houvesse escutado, não pôde entender porque não entende minha língua.

P. Julien: Eu não compreendo, não no sentido de que não estou de acordo; eu disse que eu não compreendo porque não compreendo português.

***: Mas não estou discutindo isto; estou apenas levantando isto. Estou querendo dizer que é você quem está em desvantagem. O ponto que quero levantar diz respeito – e é isto que sublinhei no meu trabalho – a uma certa facilitação diagnóstica que grassa entre os analistas, uma certa pressa em fazer diagnósticos; esta foi a razão pela qual escrevi o trabalho. Tomei Camille Claudel como exemplo porque justamente me chama a atenção que se faça este diagnóstico de psicose – ainda que eu tenha que considerar os episódios de delírio – uma vez que se trata de um personagem; ela, na verdade, nunca foi escutada por um analista. Então, acho que isto coloca uma diferença, porque Marguerite foi escutada por um analista; os comentários de Lacan sobre Marguerite são comentários analíticos...

P. Julien: Não. Ele não era psicanalista.

***: Ele era psiquiatra, mas, de qualquer maneira...

P. Julien: Ele só fez sua análise depois.

***: Toda vez que ele se refere a Marguerite, ele se refere a ela enquanto analista.

P. Julien: Após, mais tarde.

***: Isto introduz uma diferença entre Camille e Marguerite que me parece importante. Não vou fazer aqui a defesa de Camille, porque não é o caso...

P. Julien: Depois, quando Lacan se tornou analista, ele não encontrou mais Marguerite.

***: Quanto a Camille, o ponto que acho importante é que Camille tinha, no seu pai, um ponto de identificação importante. Então, a questão da identificação aqui me pega.

P. Julien: O que me interessou a propósito de nosso encontro foi falar para vocês de Camille Claudel, a propósito de duas questões: por que o seu duplo delírio começa a partir de 24 de junho de 1899, quando o diretor das Belas Artes não mantém sua promessa e recusa a exposição que tinha prometido? Por que o delírio se inicia na semana seguinte? A segunda questão que me levou a falar de Camille para vocês é a nova definição de psicose, por Lacan. Só um psicótico pode pedir uma análise. Então, é uma nova definição da psicose. Por que a gente viria pedir ao analista a cura dos seus sintomas? Todo mundo tem sintomas porque todo mundo é mais ou menos neurótico, tem sintomas que a gente chama de neuróticos. Enquanto o sintoma não é neurótico, a gente não vem pedir uma análise. Mas é neurótico, nesta nova definição da neurose, o que concerne ao sintoma. É o sintoma que é neurótico. Mas aquele que vem pedir uma análise para a cura deste sintoma, que é neurótico, é aquele que é preciso bem chamar por seu nome: psicótico. Esta é a última definição, por Lacan, do psicótico. O que é o psicótico? O psicótico é, primeiramente, aquele que tem sintomas neuróticos e, em segundo lugar, aquele que vem pedir uma análise a um analista. Esta é a nova definição da qual dei a referência nas *Lettres* da Escola Freudiana. É completamente coerente com os últimos seminários de Lacan, com a topologia dos nós.

A topologia do nó borromeano a três, Lacan considera que ela não concerne a nossa situação de homem moderno. Nós temos todos necessidade de um quarto elemento. Se a gente tem um sintoma como quarto elemento, então a gente não vem pedir análise. Se, ao contrário, estamos do lado de *ser* o sintoma, como suplência, então a gente vem pedir a um analista para arrumar isto. Lacan diz arrumar isso, arrumar o sintoma. Então, a discussão hoje entre lacanianos é: será que o fim de análise é a passagem do quatro ao três? Há alguns que dizem "sim, com efeito, o quarto elemento não é mais necessário"; outros dizem "não, ao contrário, há necessidade do quarto elemento, por causa da psicose, a psicose que existe em qualquer analisando que pede uma análise".

Eu tenho bem consciência de estar trazendo alguma coisa que pediria muitas explicações. Só que Lacan me responderia: eu não explico mais, depois de 1973. Eu mostro; eu não demonstro mais. Antes, eu não procurava, encontrava. Agora, eu não encontro mais, eu procuro. Eu não demonstro a psicose. A topologia não é uma demonstração, é uma monstração: é da ordem do Imaginário e o Imaginário é mostrar. É da ordem da visibilidade no quadro porque a gente só conhece bem duas dimensões, ou seja, a planificação. E isto é a topologia e aí está o debate entre os lacanianos. Primeiro, nova definição da psicose. Ausência de demonstração, passagem à monstração, por um novo Imaginário, Imaginário topológico, que não é narcísico nem especular. É assim que Camille Claudel, em razão do seu delírio que deslanchou no final de junho de 1899, me serviu de apoio para mostrar um contra-exemplo com relação a James Joyce. Ela tentou *ser* o sintoma, quarto elemento, e, em razão da recusa do diretor de Belas Artes, causada por Auguste Rodin, o nó borromeano se desfez, enquanto

Marguerite realizou um ato que lhe permitiu se fazer um nome público, graças aos jornais parisienses. Quer dizer, que, agora, Camille Claudel passa ao público, graças a Bruno Nuytten, o diretor do filme "Camille Claudel", graças ao Museu Rodin, graças às exposições Camille Claudel.

Muitos psiquiatras aplicaram aos doentes mentais o que Hitler fazia na Alemanha; assim foi o fim de Camille: a passagem à lata de lixo. Agora, só-depois, nós a fazemos passar no público, em homenagem a tudo o que ela fez, a tudo o que ela disse, mas foi após sua morte; é muito recente. A família Claudel, na terceira geração, Reine-Marie Paris, sobrinha de Camille, terceira geração, aceita abrir seus armários e nos fornecer cartas, documentos.

Então, vocês vêem, são os três exemplos clínicos muito diferentes: Joyce, exitoso, com um fracasso na sua vida privada; Marguerite, exitosa, por um golpe de facão; Camille Claudel, exitosa, mas após sua morte. A cada vez, encontramos o problema do quarto elemento do nó borromeano. Este é o último avanço de Lacan, eu me repito, ele não explica nada porque, como ele diz, eu não encontro, eu procuro. Então, ele passa a outra coisa, aos desenhos diante do público, o que ele chama o novo Imaginário: mostrar e, não, demonstrar. Não é mais o real, é o Imaginário. É o último Lacan.

Lacan abre a psicanálise à psicose; bom, isto o levou a dar uma nova definição da psicose, usando a topologia: na neurose é a topologia do nó olímpico; não é o nó borromeano, é o nó olímpico. Lacan não acrescenta nada, ele não avança com isto. Mas, por outro lado, o que lhe interessa é o nó borromeano, isto é, a psicose. Então, há duas espécies de quarto elemento que impedem a desnodulação, quer dizer, o delírio. Existe *ter* um sintoma ou *ser* um sintoma. Daí se partiu. A demanda de análise é *ter* um sintoma neurótico; pede-se ao analista justamente a cura deste sintoma neurótico. Se vocês não têm um sintoma neurótico, vocês não pedem uma análise. Bom, um quarto elemento que seja verdadeiramente da ordem da neurose. Mas não é só o quarto elemento. O nó é a quatro: então, trata-se da psicose. Quer dizer, para compensar a psicose, vocês têm duas vias: a via em termos de *ter* e a via em termos de *ser*. Lacan dá o exemplo de Joyce para mostrar que a suplência à psicose, em Joyce, é a sua arte de escrever, que tem função de suplência, de compensação. Isto não tem nada de particular e não é um privilégio, nos diz Lacan. Nós somos assim, seja do lado do *ter*, seja do lado do *ser*. A gente vai pedir uma análise quando é do lado do ter, para curar um sintoma; mas a gente é um psicótico. Há outros que tentam isto do lado do *ser*; eles não pedem uma análise. Eles pedem um editor; pedem um diretor de Belas Artes; pedem um Pierre Benoit para representar alguma coisa no teatro. São psicóticos sem descompensação porque têm um êxito social e profissional, em função de compensações.

Lacan, antes de fazer sua análise, em 1932, teve a intuição, em tese – podemos ler em sua tese, na última edição, na página 317 –;vê-se que Lacan discerniu a relação entre psicose e condição do homem moderno. Os problemas afetivos e mentais não estão em déficit, mas teriam sido a via, o caminho pelo qual Marguerite soube tomar com as idéias, os personagens e os acontecimentos de seu tempo um contato muito mais íntimo e amplo, ao mesmo tempo, que a sua situação social de partida comportaria; ela era uma camponesa. É por isso que Lacan acrescenta às concepções mesmas da psicose algum descrédito que lhes traz a sua motivação, que é individual, que é o fato do delírio; no entanto, elas traduzem curiosamente certas formas, próprias à nossa civilização moderna, da participação social. Por isso, para ele, o ponto principal são as imagens das personalidades; é, com efeito, nada além deste tal papel que é assumido junto às massas características de nossa civilização, pelo quê? Pela imagem da vedete, aquela da tela ou aquela dos jornais, aquela, digo eu, da tevê. Imagens de personalidades que têm uma forte participação social. Assim Lacan conclui, a propósito de Marguerite: é evidente que o tema maior do delírio maior de nossa doente não é outra coisa senão esta imagem, que designamos como a forma moderna da participação social. Isso faz com que os jovens sejam seduzidos pelas imagens quando vêem a tevê, na casa deles, todos os dias, forma moderna de participação social. Lacan diz a vedete do teatro, ou do livro; para Marguerite era o livro; para um homem seriam os esportes ou a exploração, por exemplo, os jogos olímpicos, os lutadores de boxe, os ciclistas.

Lacan acrescenta que a situação, a situação vital dos nossos doentes – vejam, isto é muito importante –, nossa doente camponesa, desenraizada (acho que vocês são sensíveis a estas palavras de Lacan), nos faz conceber que uma tal imagem, imagem de mulher, Huguette Duflos, serviu como motivo comum ao mesmo tempo ao seu ideal e ao seu ódio. Aí está o julgamento de Lacan a propósito da modernidade. Por isso lhes apresentei três casos clínicos, de um homem e de duas mulheres, em que a questão é a participação social em função de uma imagem ao mesmo tempo ideal, que a gente ama, admira e a seguir que nós somos. Esta é a idéia de um psiquiatra, Jacques Lacan, que não tinha nenhuma experiência analítica mas que apreendeu ali um ponto capital: a necessidade, em caso de fracasso do gozo fálico – quer dizer, de um gozo na vida privada, fracasso deste caso entre Camille e Auguste, fracasso entre Joyce e Nora, fracasso entre Marguerite e René Anzieu –, a necessidade de uma forte participação social, em função de certas imagens apresentadas nos jornais ou na tevê. Isso não foi Lacan quem inventou; vocês encontram isto em Freud.

Vou terminar com estas palavras de Freud, que concernem ao que ele chama a cura de Schreber. Schreber se curou por uma passagem ao público. Cito Freud: "Contrariamente à apresentação do fantasma de feminilização, o doente não empreendeu nada mais que a publicação de suas memórias, para fazer reconhecer sua missão de redentor". Isto é capital, é a queda do delírio. "Se fazer reconhecer" pelo público graças às memórias escritas. Freud chama isto uma cura e Lacan chama isto *ser* o sintoma. Então, em sua prática clínica da psicose, é importante que vocês destruam a fronteira entre o psíquico e o social. Vejam o que a prática analítica da psicose nos ensina: não procurem o êxito na vida privada com o psicótico, vocês fracassarão. Estou de acordo com Lacan neste ponto. É uma falsa separação, o psíquico de um lado e o social de outro. Alguém esta manhã falou de amizade com o psicótico. Eu disse sim, mas justamente em função desta inserção social mais além da vida privada como meio de compensação, de suplência para uma estrutura psicótica. É isto a cura. Eu posso dar centenas de exemplos de fim de análise em psicóticos nesta direção que Lacan nos indica: ajudar um psicótico numa participação social e não se preocupar, nem se debruçar sobre a vida privada, quer dizer, sobre o gozo fálico. Não é este o problema.

Companhia de Freud
editora

OBRAS PUBLICADAS

Psicanálise e Tempo
Erik Porge

Psicanálise e Análise do Discurso
Nina Leite

Letra a Letra
Jean Allouch

Mal-Estar na Procriação
Marie-Magdeleine Chatel

Marguerite ou
"A Aimée" de Lacan
Jean Allouch

Revista Internacional nº 1
A Clínica Lacaniana

A Criança na Clínica Psicanalítica
Angela Vorcaro

A Feminilidade Velada
Philippe Julien

O Discurso Melancólico
Marie-Claude Lambotte

A Etificação da Psicanálise
Jean Allouch

Roubo de Idéias?
Erik Porge

Os nomes do pai
em Jacques Lacan
Erik Porge

Revista Internacional nº 2
A Histeria

Anorexia mental, ascese, mística
Éric Bidaud

Hitler - A Tirania e a Psicanálise
Jean-Gérard Bursztein

Littoral
A Criança e o Psicanalista

O Amor ao Avesso
Gérard Pommier

Paixões do Ser
Sandra Dias

A Ficção do Si Mesmo
Ana Maria Medeiros da Costa

As Construções do Universal
Monique David-Ménard

Littoral
Luto de Criança

Trata-se uma Criança
Tomo 1 e 2
Congresso Internacional de Psicanálise e suas Conexões - Vários

O Adolescente e o Psicanalista
Jean-Jacques Rassial

— Alô, Lacan?
— É claro que não.
Jean Allouch

A Crise de Adolescência
Octave Mannoni e outros

O Adolescente na Psicanálise
Raymond Cahn

A Morte e o Imaginário na
Adolescência
Silvia Tubert

Invocações
Alain Didier-Weill

Um Percurso em Psicanálise
com Lacan
Taciana de Melo Mafra

A Fantasia da Eleição Divina
Sergio Becker

Lacan e o Espelho Sofiânico
de Boehme
Dany-Robert Dufour

O Adolescente e a Modernidade -
Tomo 1
Congresso Internacional de Psicanálise e suas Conexões – Vários

A Hora do Chá
na Casa dos Pendlebury
Alain Didier-Weill

W. R. Bion - Novas Leituras
Arnaldo Chuster

Crianças na Psicanálise
Angela Vorcaro

O Sorriso da Gioconda
Catherine Mathelin

markgraph

Rua Aguiar Moreira, 386 - Bonsucesso
Tel.: (021) 564.1056 Telefax.: (021) 270.9656
Rio de Janeiro - RJ